愛情答非所問

許常德　著

◉作者序

每個人的心裡都有一封寄不出的信

一切都有個開始。

一年前，有人在我的 facebook 問我問題，由於提問者的內容有些棘手又有點複雜，我便認真地在版上公開回覆，結果引來更多人的提問。

這些來信和回覆都公開在版上，網友們看了以後，有些人會對這些問題提出自己的看法和建議……這讓我想到另一個問題：如果大家太相信我的回覆，這樣我的壓力會與日俱增，我一再強調我不想為這些回覆負責，我希望大家要對自己的理解和接受負責。於是我改了一個型態，先把提問者的

問題PO給大家看，讓大家先幫他想想辦法，然後我再回覆。

這些提問者的問題不僅僅關於愛情和婚姻，也有親子間的衝突、與父母的嫌隙、辦公室的鬥爭、追逐夢想的迷惑、對未來的期待……我不是專家，我只是個傾聽者；我不論對錯，我只關心他們的難受。因為我相信只要當事者不那麼難受和混亂，他就有能力去面對和處理他自己的問題。

所以我的回覆有幾個重點，就是重新整理他的問題、體會他的經歷和選擇，然後順著他的期盼，幫他從迷霧中走出。也許有人會質疑，如果當事者提出的期盼是錯的怎麼辦？其實，人在鑽牛角尖時一旦被理解，就不會那麼執著了，只有在不被理解的情況下，才想一意孤行。

後來，來信越來越多，有一度還讓我感到非常焦慮，因為有太多信我根本來不及閱讀，才一年，來信已超過上千封。不過，我後來又發現一個狀態，就是來信的人會一再來信跟我說問題的進度，有些人甚至告訴我，在他們寫下自己問題的過程裡，這些文字會逼他們思考，等於是在他們的問題產生後第一次整理了問題，這個「整理」意外帶給他們療癒的效果。所以我就比較寬心了，甚至有越來越多的網友會告訴我，這些公布出來的問題雖不是他們的，但很多狀況是相似的，仍有參考的價值。

我也納悶，為何我總能那麼自然而然地回覆那些問題？

花五分鐘看問題，花二十分鐘回信，我平均一天回兩封信，哪來那麼多自信？也許是因為天天回信不間斷，在一年多後有了厚度，多了很多角度供我穿梭變化。而且我還是第一位受惠者，在我深入問題核心的同時，我也承擔了提問者的困頓，等我答覆了問題，我也成了第一位被鬆綁的人。這也是我能持續回覆的原因，因為我被這些問題成長了，我被這些不會輕易向誰透露的真實故事信任了，不管是不被認可的小三，不管是正在出軌的大老婆，不管是快要倒下的失業丈夫，不管是被學業和父母壓得快不能呼吸的孩子……

他們毫無忌憚地向我傾訴，因為他們知道我不會看不起任何人和任何問題。這個信任是我的福報，也是這本書最珍貴的價值，因為這些問題在別的地方是看不到的。

有人要我別把回信都放上臉書，會妨礙新書的出版，但我又覺得當事人會很想聽聽其他人的建議，於是我還是在第一時間放上去。倒是有很多不願公開的信未刊出，我會修改問題，並放上標點符號，以利大家閱讀。

這些問題，這些回信，共舞得很精采。這是我最有收穫的一本創作，每一篇我都很滿足，也是我和這些提問者的共同回憶。

目次

2

該不該分

3

♥

是不是背叛

4

非關愛情

1

♥

該不該愛

生活忽暗忽明，壓力如影隨形，連個像樣光明的約會都沒有，就忙著遮風避雨。這愛又怎麼會存在。

誰才是小三？

Q：我和他是辦公室戀情，他是我老闆，半年來中間經歷許多大風浪，堅定著我們的感情。

他有過婚姻，但是沒有小孩。我們不住一起，一星期他會回我這三、四天，可是我不能去他家，因為前妻會自由進出他的住所。而且前妻還活在沒離婚的狀況。前妻個性極端會鬧自殺，所以我不能見光，雖然他身邊的人都認識我，可是就是不能讓前妻知道我的存在，現在還是每個月給前妻贍養費。

最近開始變樣了，大小爭吵不斷；起因是前妻打電話來公司，直接

說她是老闆娘……公司新進人員還以為我是第三者。

我們大吵，他怪我無理取鬧，說我們在一起前就知道前妻的事情，我不能翻這筆帳來算！我們反覆吵著，也開始發現他冷冷的態度出現了。今晚他答應應酬完會回我這睡，他……關機了，連我傳訊息給他，他沒看就直接關機，從來不會這樣的他，讓我好難過。因為每天我們一定會到家互傳訊息報平安、報晚安。

老師，他是故意懲罰我最近的無理取鬧嗎？我要怎麼處理呢？

A：

妳買東西，大多時候妳都是考慮過的，不一定每件事都細想，但還是會考慮到自己的能力和是否用得上。

他對妳來說，會不會是一件不適合的商品呢？他有個情緒化的前妻，他讓妳被誤會是小三，才半年你們就經歷大風大浪，再加上對外不能宣稱有妳的存在，妳覺得他的前妻會鬧到何時呢？其實妳也知道，換成妳是她，妳是永遠不會放手的。

這次他會冷淡到不接妳的電話，可能是妳和他前妻一樣，又喚醒他對無理取鬧的恐懼。他的恐懼都來自於他沒法和他恐懼的女人徹底分手，他只會逃。說來也可憐，和大多數男人一樣，他不懂妳們為什麼抓狂，他可能只想放鬆，雖然他現在只能求片刻清靜。

反觀你們這半年來的關係，除了一起共度過大風大浪時刻，並沒有什麼正面的相處可供仰望未來。生活忽暗忽明，壓力如影隨形，兩個人都不懂在該讓的時候讓，這愛又怎麼會存在。或許你們都還沒開始愛，你們只是喜歡對方的陪伴，但不知不覺你們又走到婚姻那條大道，連個像樣光明的約會都沒有，就忙著遮風避雨。

放下吧。這段關係妳看起來一點都不像情人。沒有愛情，別去蹚他人生的渾水。

不知道很多事情的好處太多了，至少不用扛他的責任背他的煩惱。「愛的時候就要生命和生命緊貼在一起」，是蠢到極點的說謊。

歡場無真愛？

Q：

我很苦惱，我愛上了酒店經紀！我是個占有欲很強很需要人陪的女生，但經紀的工作就是要帶小姐上班，送小姐回家，要一直認識開發新的女生！我們當初會認識，也是他想開發我，但他說後來覺得我個性很可愛就喜歡上我了，他說就算他窮死換別的工作也絕不會讓我做酒店！此外他工作十分忙碌，常常到天亮下班都算正常，也沒有固定休假時間，更別說有什麼時間陪我。我裝作體貼，默默照顧他的生活起居，等到他天亮回家我們就是做愛抱抱睡覺，然後再目送他出門，他醒著能好好說話的時間不多。

其實我好心酸，可是這是他的工作，我也只能忍受！因為酒店的關係他交友也滿複雜的，有時候他放假跟朋友去喝酒，會帶我一起去酒店，朋友會吃藥！但他很保護我絕不會讓我碰，他說會帶我去那場合，只是要帶我認識他朋友，他說他從來沒帶過任何女朋友給他朋友看！其實我是個很單純的女生，做著很正常的工作，我也滿害怕去酒店的，但又想融入他的生活，只好跟著去。其間其實也有不少男生在追我，有時候我感到寂寞也會跟別的男生出去，而他也知道！他說既然他沒辦法一直陪著我，就讓別人陪伴我，他說很虧欠我，他也相信我。

我覺得我還滿賤的怎麼那麼不甘寂寞，一方面又想，他是真的愛我嗎？為什麼可以那麼瀟脫，還是根本只是玩玩？大家都說歡場無真愛是真的嗎？我不知道該怎麼做，他這工作一般人是無法接受的，其實我也可以好好的跟其他單純的男生在一起，但我跟別人約會心裡想的都是他……跟他在一起很沒安全感也很難有未來，而我已經快二十九歲了，我真的不知道這樣繼續下去對不對？

A：

妳占有欲很強又需要有人陪這兩件事，可能比較重要。因為這會讓妳的男友選項範圍變得很小，就像長得太高的人買不到鞋子一樣。沒有幾個人能不被這兩個狀況煩到的，也許熱戀時還能包容，等到日子平凡又壓力大時就會變成煩躁。

占有欲強的壞處是，會越占有越不滿足，會越占有越顯得表面，因為妳把占有形式化了，以為他願意被妳占有被妳黏著，愛就在了。愛得很硬，其實是控制，不是愛。

需要人陪一旦養成習慣，當他不陪妳時妳就可能會心慌和憤怒，就像妳習慣背著包包，雖然包包裡沒裝什麼。

酒店經紀不見得就容易外遇，就像娛樂圈的經紀人不易愛上藝人一樣，更渴望不那麼裝扮的情人。只是妳要能接受他的職場狀態，不要知道了又暗自受委屈，談戀愛或結婚都不一定要融入對方的生活，那些對於你們的關係不一定有利，反而容易爭執摩擦。

愛情是需要神祕感的，不知道很多事情的好處太多了，至少不用去扛他的責任背他的煩惱。很多人都太相信愛的時候就要生命和生命緊貼在一起，其實是蠢到極點的謊言。他們根本不知道緊貼著會有什麼問題要克服，根本只是不那麼做就難受得要命，根本是上癮貪心不放心。

妳愛上的每個人，都是緣分讓你們遇到的。他們的職業不盡相同，個性也會超出妳的預想，不要用傳統看男人的那種框框評比妳愛的男人。愛他，是在用欣賞和有點距離的獨立支撐下，最易得到幸福。擁有，通常是壓力的開始，而且壓力越來越大，因為人對擁有是貪得無厭的。

快二十九歲又怎樣？妳以為這時候定了情就永遠了嗎？妳以為繼續就等於是幸福了嗎？

這個世界並沒有妳想像中正常，有很多陰暗的死角埋藏著真相。那些光明的舞臺上閃亮進行的節目，有不少是配合群眾期待的演出。

不能愛上的知己

Q：

我是一個胖妞，體重超過一百公斤。我認識了一個男生，他對我很好，非常照顧我，會一直鼓勵我減重，我如果瘦不下來，他還會生氣，生氣我不照顧自己的身體，他也會每天煮東西給我吃，讓我瘦身，體重下降到我很久都不曾看過的體重。從來就不曾有男生對我那麼好，在不知不覺間，我漸漸地愛上他。曾經有同學問他，如果我向他告白，他會說什麼，他笑著說：我會說我是同志。我當時不以為意，而且身邊都一直傳出他是同志的消息，但我也全心全意相信他不是，因為他心裡一直住著他的前女友。

結果當我發現了他和我一直在懷疑的男生曖昧時，我只記得我的腦海一片空白，除了哭，我還是哭。我找了學校輔導老師，在醫院掛了精神科，到處算塔羅牌。我整個人崩潰了，一直到現在，我依然在學校接受老師的輔導，我現在看每一個男生都覺得他們是同志。我喜歡過三個男生，三個都是同志，我真的不知道該怎麼去愛人了。

他隱約知道我發現了這件事以後，他要對我說出他們之間的事情時，我把他推開了，我對他發脾氣。那一次以後，我們之間多了一道看不見卻非常厚的牆，我們原本是無話不談的知己啊……到現在我們雖然還是無話不談，但是對這個話題變成一個禁忌。我不知道他現在的感情狀況，他依然對我好也同時不斷傷害我。當大家再問他會不會考慮我的時候，他只說：胖死了，而且不要傻了，我要不起，我看到她我會直接不舉（當著大家的面，我真的無地自容）。

我的自尊心已經被糟蹋個徹底卻還是依然不死心，明知道他有

伴了，我依然愛著他。我真的很討厭這樣的自己，我只要想起先前的種種，就徹底地討厭自己。他是我減肥的動力來源，現在減肥對我來說，感覺就像很遙遠的星星。

A：

有時候這個世界並沒有妳想像中正常，有很多陰暗的死角埋藏著真相。那些光明的舞臺上閃亮進行的節目，有不少是配合群眾期待的演出。對於青春期的學生們，理解人性和人生的遊戲規則是一門很重要的課。

像妳減肥很可能有一大部分的原因是為了別人的看法，像他跟妳說他心中的前女友也許是他不得不推出的戲，就算他在朋友面前說妳胖死了不要傻了會軟掉的話，絕對是被逼要說出的違背良心的話。或許妳會說他不能選擇沉默嗎？但此刻選擇沉默就會像藝人出事若對媒體沉默是沒法擺平的。男生的圈子和女生的圈子一樣，說起複雜不一定會輸給黑社會，只要有個惡霸煽動同學，要恐嚇要霸凌要取笑都非難事。

妳能想像他在男同學面前承認自己是同性戀的下場嗎？妳能想像他說妳是他最好的朋友會得到怎樣的流言嗎？不許同性戀和怎會愛上胖妞是他們給他的高度壓力，年輕人的無知加上年輕人的衝動是很可怕的勢力。不要怪他對妳做的事，那不是誰能抵抗得了的。

妳說妳連續三個愛慕的對象都是同志，或許妳應該想想愛慕同志和愛上情人的差別。沒有性做前引的愛慕或許是另一種愛情，只要妳把它們分清楚，和同志的愛情可以叫做知己。

當他要跟妳說明他和男友的事，妳把他推開或許也傷到了他。此刻你們突然變成了同病相憐卻對立的人，你們都是這社會暴力價值觀下的受害者。沒有那些變態的人性分類，你們應該是很棒的一對知己，不會狹隘的以為愛慕就只有一男一女那種，不會殘忍的把女性分成辣妹

和恐龍妹，不會關心妳還要假裝心裡有別的女朋友，不會當他要跟妳說出真話卻被妳推開，這一連串的誤會和傷害都是這個世界虧欠你們的惡劣。

既然他是妳的減肥動力來源，請妳勇敢地跑到他面前跟他說，妳愛的是關心妳的那個他，跟愛情無關，跟不想就這麼懦弱又情緒化地放棄了有關。星星請回到地面上，妳會用感恩的心持續減肥。

什麼是匆匆？
是時間過站不停，是緣分有了心情。

能走出那個陰影，是妳的勇氣站出來保護妳了。不過勇氣是越磨越亮的，妳必須繼續努力。

難道是我自虐嗎？

Q：我今年二十五歲，在大一的時候曾被學長強暴並墮胎……那是很痛苦的過去，我很努力往前走了。通常發生這種慘劇的女孩，是不是都會害怕男性、害怕愛情？可是我自從那件事之後，便沒有單身過，很害怕一個人，一直希望身邊有人陪、有人撒嬌。教會的朋友說，或許是我的潛意識希望能有個可靠的人保護我，因為發生那件事的時候剛好是我和當時男朋友分手、人生最低潮的時候（由於我本身有多年憂鬱症，或許我的抗壓性很低）。

但可以說，一直以來感情路都很不順遂，每一任對象我都是掏心掏肺的愛，都當最後一任在愛，但不是被劈腿、當小三，就是對方並不認真。我想知道問題在哪，是否因為我的愛太容易得到？給得太多？但我有時會想，如果連感情這種事都要費心機猜測，那有什麼是真實？如果我愛一個人卻不盡自己的能力對他好，我不想自私。

去年我和一個長得帥又會跳舞的男生發生了關係。我們以前也曾曖昧，我一直都很喜歡他，只是後來發現他很花心輕浮，所以刻意疏遠。但去年我們再次有了交集，他說喜歡我，我只覺得好像美夢成真，他卻說有分不了手的女朋友，當下聽了心涼了，但我真的很喜歡他，不停騙自己說，玩玩而已，我也能不付出感情，但同時又了解自己絕對做不到。

我認為那是由喜歡升格的愛情，他認為那是有喜歡的肉體關係，我非常痛苦，因為是當第三者所以也無法跟別人說，在別人面前要裝不熟，聽到他和別的女生的流言也要裝不在乎。我愛他，但他卻這樣看待我，我又得裝不愛他，因為怕他知道我認真了會離開我。我好幾次告訴自己要有自尊，下定決心斬斷，卻都無法。後來只好向

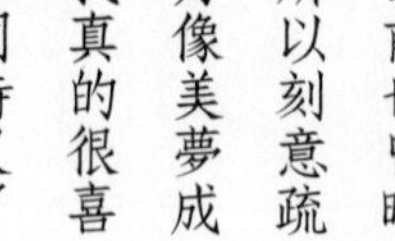

他坦白說我無法自拔，他聽了就說要當朋友。我為他付出所有我能付出的，甚至調解他和女友的煩惱紛爭，他知道我如此愛他，也希望我不要這麼痛苦……

如今我們兩個月沒聯絡了，我剛開始很恨他，但還是很想他，那段過去是甜蜜又痛苦的，我現在覺得就算繼續當小三好像也無所謂，總比現在像陌生人好。但我當然也知道那樣的關係根本沒有結果自討苦吃，我到底該如何是好？我非常痛苦，什麼事都無法讓我轉移，我想我這輩子是不是無法被愛，是不是不能談一段平凡正常的戀愛……

由於我本身也上過一些節目，這些經歷歷歷在目，節目的播出，觀眾的詢問，種種都讓我無法承受。我們在汽車旅館短暫的時光現在反而是我欺騙自己最好的回憶，但卻控制不了想聯絡他……這真的還是愛嗎？還是一種自虐？還是我的執著只是因為得不到？我不覺得自己條件很差，但要找到一段平凡的愛都那麼難嗎……

A：什麼是平凡正常的戀愛呢？

妳說，妳對每一任男友都是掏心掏肺，都當最後一任在愛，但聽起來壓力就很大。

妳又說，為何要怕給太多，相愛為何要那麼多控制和心機。其實不是要怕給太多，而是對方有可能承受不起，雖然妳連這個可能都沒想到。

就像強暴妳的學長，他的原始動機可能也不是暴力，有可能是不知要控制而導致暴力，只想用力愛妳，只想到自己爽快，沒想到妳受了傷害。

不過能把孩子拿掉是好的，這可減輕你們現實的負擔和心理的壓力，妳已受太多苦了，不能再多了。能走出那個陰影，是妳的勇氣站出來保護妳了。不過勇氣是越磨越亮的，妳必須繼續努力。

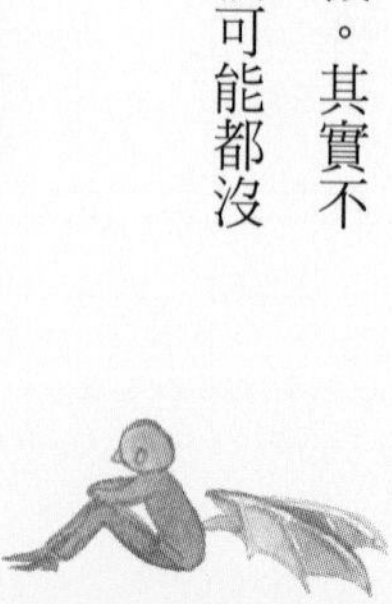

目前妳要努力的功課是，學著過沒有愛情的生活，學著愛自己看看，學著依賴自己。生活可以用來賺錢，可以用來交新朋友，或是一個人旅行，這樣的生活比較能讓妳睡得安穩活得滿足。

愛情通常是平靜生活的結束，也許妳的心因為經歷動盪，所以比較江湖了。看過了廝殺，眺望著平凡，深入過憂鬱，渴愛的時光。這些不斷輪迴的低潮都是妳的老習慣，妳太習慣這些味道。

妳還那麼年輕，如果妳願意給自己試試不同的人生，或許妳就是浴火鳳凰。把災難變成成長，把黑色的記憶讀成漂亮的文章。

會把跟男生上床當做是價值的人，就是把性當交易。難道妳沒爽到嗎？還是妳做這件事都只是為了滿足對方？

我被白睡了嗎？

Q：想請教你一些我目前遇到的問題，因為我內心很掙扎，有幾種不同的聲音在內心裡不斷拉扯。

前陣子認識一個大我十二歲的男人，他自己開公司，最近閒聊之中，他明白的告訴我，他目前只有一點點喜歡我，希望我們可以放慢腳步，慢慢交往慢慢了解彼此，並且他告訴我，他覺得自己有承諾恐懼症，也不太喜歡跟別人交代自己的感情狀態，什麼男女朋友，穩定交往，對他而言，他都覺得沒有什麼太大意義，並且，他不容易喜歡上別人，因為一般女生對他而言都太普通。

並且，他也不喜歡我到處打卡標示他之類的……他覺得會有種莫名的壓力，他不斷告訴我，他很霸道，他很機車，他沒耐心，到最後，我會討厭他。

總之，聽完他說的一堆，我覺得他很明白的告訴我他只是想玩玩，要不要隨便我，我自己衡量我可不可以接受。我覺得他就是一個生意人，把感情當成交易，買或賣，賣或租，各取所需，要不要隨你。但是，我想要的是一段穩定的關係，而不是一開始就設定為玩玩的關係，所以我該直接的告訴他：我無法接受，所以不適合嗎？

另外一提，因為我跟他最近要出國，然後機票錢是他出的，我的心理醫生告訴我：要麼不要去，要麼去了之後，在飯店把機票錢還給他，告訴他，我要的是以結婚為前提交往的對象，要不要隨你。

我聽到我的心理醫生這樣告訴我，當下覺得那我不是被白上了，而且還要給他錢，我的醫生說：如果妳選擇的是一回臺灣就甩掉他

（因為我有提到我打算這麼做，並且沒有要給他機票錢），妳一定會被講得很難聽，何不把自己的姿態站穩，前面的就算了，當作免費送他。

我其實迷惘了，因為我不知道該怎麼做，太多聲音出現了……

A：

妳的心理醫師說前面就算了，當作免費送他。哇！這不也是菜市場賣菜嗎？價錢沒談攏後，前面給的蔥就不計較了。

會把跟男生上床當作是價值的人，就是把性當交易。不然妳沒爽到嗎？還是妳做這件事都只是為了滿足對方？

就是因為妳是這樣的心態，所以妳才會在要不要還機票錢上來回徬徨；所以妳才會把他之前的內心表白想成是玩玩，因為妳的價值觀是很傳統的，就是不能白白被睡，就是男生該買單，就是要以結婚

為前提。

尤其是以結婚為前提的交往最瞎，這樣的前提意義在哪裡？有些人是不想把話說得很漂亮，有些人說得漂亮還是會後悔，如果感情交往怕浪費，那麼就更不該有結婚的打算，因為離婚率已過半了，你們難道沒警覺結這個婚有半數人會過不了關嗎？剩下的半數有多少是如願的妳想過嗎？這就是怕白忙一場的焦慮與無知所演變出來的說辭。

妳的感情生意經是很明確的，倒是他不見得是生意人。真正的生意人其實不用在第一時間說這些話，反而可以一開始就滿足妳的耳，說些妳想聽的話。想要穩定的關係靠的是自己給自己的，而不是依賴對方給。

機票錢可以不用還，但妳可別再提以結婚為前提了，因為想結婚的心是不能這麼現實又不想露出現實的。

在回憶對照之下，他的信心喊話空洞又現實。把靈魂趕走了又想招魂，回憶回來時卻又沒能力擁抱。

五個月的回憶推翻九年婚姻？

Q：回憶真的不重要嗎？每個人都叫我忘掉回憶，活在當下，往前走！回憶到頭來變成一定要丟掉的東西嗎？

去年與前男友透過臉書聯絡了將近五個月，兩人瘋狂地回憶十年前的事，我本來完全忘記了！但他說日子過得越久回憶也越清楚，但回憶讓我現在陷入痛苦中。也因為回憶讓我從這九年行屍走肉的婚姻生活驚醒，我恨婚姻帶給我的孤獨。

但一向對我極盡冷漠的老公，現在卻突然對我極好，想挽救婚姻，但他叫我要忘記九年來的痛苦回憶，要往前走，否則他就不想努力

了！因為沒有回報。現在「回憶」變成我心中的結，結不打開很難往前。知道老師會說，先把自己獨立吧！但心很亂……

A：

回憶重不重要，是看妳拿回憶來幹什麼。如果是拿來勾引自己，那妳就會頻頻回頭看；如果是拿來製造產品，就會出現復刻版；如果是拿來比較，妳就可能痛恨現在。人生每個階段都有不同的考題，妳的答案會顯現妳的態度，而態度才是妳命運的掌舵者。

結婚九年是妳的噩夢九年，很多困在婚姻裡的人都跟妳有同樣的遭遇。因為大家進入婚姻前不但沒有預想過什麼問題，還懷著完美的夢幻進來。難怪感情變淡了也驚慌，難怪一直不相信外遇那麼快發生也發生了，難怪婚姻裡的寂寞會如此張狂，難怪想要的都沒來，不想要的都來了。這些難怪都是因為妳心存僥倖而來的。

為何僅僅臉書往返五個月就能把九年的婚姻推翻？因為你們和所有

困在婚姻裡的人一樣：當妳把妳的需求降到最低最低時，仍不可得，妳就徹底崩潰了。但崩潰不一定會讓妳放手，靈魂被掏空的人是沒有放棄的能力的，他只會傻在原地。

妳的老公給妳下了最後通牒，但妳已不信任他了。在回憶的對照之下，他的信心喊話就像一篇政府的標語，空洞又現實。空洞在把靈魂趕走了又想招魂，茫然在回憶回來時卻沒能力擁抱。

也許我們應該好好承認，婚姻前幾年絕對是個實驗期，能經過實驗成功的人才有機會體驗婚姻的美妙。這個實驗的步驟就是卸下幻夢，找回自己，還想做天長地久獨占大夢的人，就會耗盡心力時日在不甘心的心情上，於是對照起多年前品質也好不到哪裡去的回憶，妳除了失落，連撿起它的力氣都沒有。

要不要婚姻，要不要回憶？要，就該選擇；不要，就請統統放棄。要來的東西能好好品嘗，才是重點。

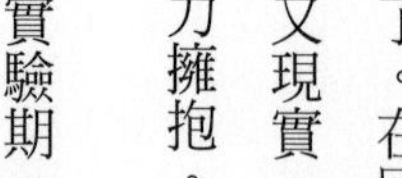

能讓你愛她是她的魅力，能讓她愛你才能實現幸福的夢想。你該感謝她在沒那麼愛你的時候就接受了你。

是否我真的很差？

Q：我三十九歲，她與我同年，我喜歡她很久，一直以來都是斷斷續續聯繫著，我關心她，但她總是對我淡淡的回應。後來她離了婚回娘家，我才有機會能積極接近她，追求她，雖然我們好不容易成了男女朋友，只是她到底是不是我女友，我始終打著問號。

她不准我臉書張揚有女友的事，不准我對朋友家人說她是我女友，人前人後也只能稱她是我的好朋友。和她出去不能牽她的手，不能送她回家，還得在巷子口等她。帶她出門沒多久就變臉色，接著不高興說要回去，我完全不曉得她是不高興什麼。從交往以來，我姿態低到不行，就希望她能給我正眼看待，可收到的都是批評，說我能力差、外表差、人品怪、個性怪，譏諷我怪不得那麼久都沒女友，甚至批評我家世也很差。

就算她這樣嫌我，我還是忍著想維持這段感情，可她動不動就說分手，從交往兩星期開始，不斷提分手。我忍著挫折，求她好幾次才肯回頭，維繫近半年後，我對她的冷淡回應感到好疲倦，她依然無視我的努力，還是動不動就說分手，甚至要我選擇，是否要連朋友都當不成才肯分。

朋友看不下去，說她原本就沒愛過我，是拿我當工具來氣她前夫，證明自己離婚後，還是過得很好、還有人追，而我只是恰巧被利用。我相信有愛才會當男女朋友，怎會輕易拿感情當手段，我不相信她那樣對我，可走到現在我什麼都不相信。

我們的關係還是結束了，我從一開始的期待、上了天堂就轉眼入了地獄，我真想問她，到底有沒有愛過我？是不是我真的很差？

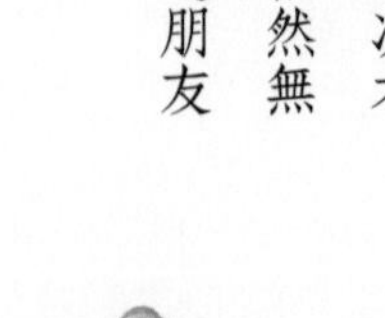

A：

是她配合你比較多，因為你的需要比較強烈。她並沒有那麼需要你，但她還是願意嘗試，可見你不像她口中那麼一無是處。你那些朋友說的利用陰謀論，根本是胡扯加無聊，誰會為了報復前夫去跟一個自己唾棄的人在一起，這機率太小了吧！怎會拿來說嘴。

倒是很可能她就是要用這種話來激怒你要你放下她，或者她就是要製造她討厭你的印象給大家看到，這符合她不要你對外宣稱你們是一對的規定。不管怎麼說，你不能沒有她，這就是她對你最大的價值，能讓你愛她是她的魅力，能讓她愛你才能實現幸福的夢想。

更可能你們是絕配，在一起風波不斷又彼此折磨，她再怎麼踐踏你都無損你對她的著迷，可見不滿足會持續愛的長度和濃度，讓你在不斷的挫折中繼續努力，讓你更小心翼翼保護最後希望的火種。

能讓你愛得這麼不顧一切是幸福的，你看到了別人沒看到的、她獨特的價值，只是她還沒看到你的，你該感謝她在沒那麼愛你的時候就接受了你。相愛本來就是越隱密越好，再好的親人或朋友的八卦大都具有傷害性。你要相信你願意跟她在一起的直覺，你聞到的那個氣味，是你的能力所致，那是愛的能力，一輩子沒出現幾次。

你現在可以努力的是讓她愛你，先分手也許是個契機，留點距離，讓她不再把近距離的相處壓力拿來重提。可以持續關心她，告訴她你終於懂了這樣輕鬆的距離，關心比較容易擠進來。

你不是差，你是太容易隨旁人耳語起舞，這會造成你反覆愛她怪她。那麼沒自信，難怪她還沒那麼愛你。不要覺得住在一起或有名分在一起才是愛，真正能感動對方的愛是……先不管自己的難受，先去減輕她的難受吧。

妳不過是被妻子的身分迷惑的任性者。妳想過他妻子現在過著什麼樣的生活嗎？那是妳不斷力爭不斷渴望的未來嗎？

當小三，身不由己？

Q：我今年二十四歲即將二十五歲，生平第一次感受到強烈猛烈的愛情是在一個已婚的男人身上。我從十八歲就與他認識交往，人生所有的第一次都是他教給我的，我非常愛他，愛到狂熱了。

我把我的所有偏執全都用在他身上，我懷疑他跟他妻子要好，於是我偷窺他的臉書，查詢他的手機，用盡各種方式諜對諜，一旦發現什麼之後立刻翻臉發作，我們這幾年來分手了至少有一百次（不是誇飾，是真的一百次，可能還超過）。只要我難過痛苦不安，我就辱罵他，羞辱他，我想要他痛苦才知道我的等待有多痛。我嘗試用各種方法戒掉他，企圖愛上別人，或者是把他所有幹過的壞事說過的謊複習一遍，甚至長達一年的時間我們都沒有聯絡，我以為真的已經結束了。

但其實沒有，一年後我們又遇上了，我以為已經死亡的愛火還是一樣猛烈！我非常愛他，他說請我給他半年的時間讓他處理好家裡的事情，他就會和我在一起。基於他過往的信用我知道那是不可信的，可是我沒辦法分開，我不知道我是得了什麼被虐狂的病非得要跟他在一起，我一直說服自己說我沒有在等，我一定會愛上別人，一定的。但是過了幾年我還是愛他。

我現在就讀研究所，也許是我的世界太小才會做別人的小三，我知道我很賤，也知道我不配把這件事情當成煩惱，但是我不敢跟別人說，走投無路了。我要用什麼方法才可以忘掉他、不再跟他在一起，真正的把他從我的世界裡踢開。我好痛苦。

A：

妳的這個男人不只是妳的情人，也是領妳進愛情世界的師父。沒有永遠黏著師父不走的學徒，妳遲早要下山，他能教授給妳的，都已給了妳，不然你們不會一直輪迴著分手與復合的戲碼。

分不開，也許是因為雙方都很懦弱，也許是他總是對妳心軟，也許是妳總覺得還不過癮，不過癮沒有玩到傳統說的那種愛情的全歷程。雖然妳不一定是真的想結婚，但那是一個初戀的夢，就是戀愛、結婚、過一輩子。

初戀碰上一個已婚男子，是會讓妳一夜長大的。因為他有家室的關係，你們會比一般未婚學生男女的戀情更成人點。你們會去偷時間，你們會有祕密暗語，你們會為那個越界的願望重複考驗著。愛會越愛越不滿足的，尤其有個遙不可及的夢想在日日召喚妳。

妳想取代他的妻子，雖然妳知道妳也可能取代他妻子的下場，也就是婚後這個師父還會再外遇，但妳對他的愛早變成一種不滿了。這個不滿是一種恨，恨會引來更執著的欲望，每次妳以為妳對他的感覺回來了，其實回來的是鬥志，像個賭徒想再壓一次寶，看能不能僥倖如願。

為何是僥倖？因為妳的手法都是老套，在一起都在激烈紛擾，不然怎會離譜分手上百次。說穿了，你們是長期在吵，不是相愛。

饒過這個師父吧。沒進去江湖，只在練功房裡空談統一大業是很無聊的。從沒嘗過單純又陽光下的愛算什麼談戀愛？妳是被妻子的身分迷惑的任性者，年紀輕輕的，妳要這麼沉重的身分做什麼？妳想過他妻子現在過著什麼樣的生活嗎？那是妳不斷力爭不斷渴望的未來嗎？

他離不開妳，不一定是還想繼續。都試過這麼多次了，再笨都不該這麼殘忍。讓師父安然留在山上，美好的回憶可以取暖，不好的廝殺當作警惕，真要有心，待日後多些經歷再相遇，心境會不同。

不要敗在同一個點上。沒辦法讓他看到妳和其他女生的與眾不同，下次遇到近距離也一樣是這種下場。

再試一次，遠距離戀愛

Q：三月初時才剛結束一場臺灣與韓國的遠距離戀愛。結束沒多久，遇到一個以前僅是點頭之交的朋友，剛好他也結束了一段被劈腿的感情。我們兩個就以同病相憐般的相處方式，天天聚在一起，彼此很珍惜在一起的時光，因為下個月他即將到遙遠的美國去了。

一開始我們彼此傾聽互相療傷，心裡有默契在，知道再過不久，我們各自還是要獨立，因為不久的將來我們還是要一個人面對。但也許是我們太有默契太多心靈的交集，導致我們對彼此產生極大的好感，所以我們決定放下理智，再相信一次愛情。在他出國的前兩天，我們做了這個重大決定。

不過時間才過短短兩個星期，在臺灣的我，不知道為什麼想放棄了。他跟之前的那段遠距離感情有好多地方都相同，例如他們到了新環境很忙，從一天很多通電話直到只有APP的聯繫，到最後只有道晚安而已。加上我們時差嚴重，加速了隔閡。我還必須考量他們身處人生地不熟的壓力，即使今天我在工作上受到委屈，也不能立刻打電話給他，要自己消化種種情緒，因為他解決不了，只會造成他的煩惱。

這樣的遠距離戀愛、僅剩APP的文字戀愛，我覺得好累，但我好不容易遇到一個契合的人，又捨不得放棄，希望老師可以給我一點方向意見。

A：

大多數人的戀情都敗在貪心。要到心靈契合後，就會渴望時時刻刻噓寒問暖；得到關係確定後，就想一輩子在一起共同奮鬥。不斷地

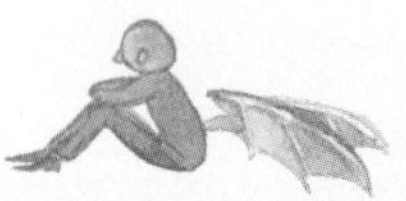

加碼造夢，不斷地快馬加鞭，讓熱戀期的彼此搭上雲霄飛車快速前進，最後兩人放下理智的許願已遠離現實而不知。

妳會覺得累又想退縮的原因是，妳每次談戀愛都很容易在同一個洞掉進去，因為妳都沒從上一次戀情得到教訓找出問題。為何兩次的遠距離都發生同樣問題？是他不該犯同樣的問題，還是問題就來自妳的貪心。

會把妳的愛搞得沒有勇氣走下去的不是遠距離，是妳要的願望妳根本不知如何實現。比如妳工作上受了委屈，渴望他傾聽和安撫，可妳又知道他剛到異鄉壓力很大，為何幾天沒跟妳互動你就絕望到想放掉？為何不告訴他妳知道他忙，但妳仍會把妳在臺灣的一些點滴讓他讀取。不一定要他回應，給體諒也給默契，能向妳在乎的人傾訴就很幸福。不一定要得到回應才感到甘心，做不到這點，妳以後結婚就會更難適應，因為漫長的平淡婚姻更需要智慧相處。

相愛要長久，就是要靠自己消化思念的情緒，不要像任性又不可愛的小孩，一寂寞就抓狂，一疏離就憂鬱。衣服破了個小洞，就不斷用手指把它鑽大，這才是妳累的地方。遇到問題不但沒能力轉為正向，還拚命往想不開的方向想。

他很忙，妳就去忙妳的；只剩下APP的聯繫，妳就偶爾傳些臺灣美食來吸引他；當妳感到他在異地有壓力，妳就傳些笑話幫他紓壓；不能打電話給他，妳就越洋訂個蛋糕給他驚喜。幸福是經過考驗才烘焙出來的，不是挑剔抱怨懷疑放棄，不能讓他看到妳和其他女生的與眾不同，下次妳遇到近距離也一樣會是這種下場。

既然好不容易，就請好好珍惜。遇到問題就告訴自己是妳表現的好時機了，不要再敗在同一個點上，好好保護你們的每一項難得。別要馬兒好，又要馬兒不吃草。

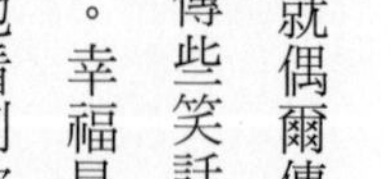

什麼是懷念？
是掉在心上的那顆冰，至今還未化掉。

在愛的世界裡，蹉跎是一種很有感覺的忐忑，勇氣是沒想太多的高貴。

我是備胎嗎？

Q：

我認識一個女生四年了，一年前我們變得很要好，我喜歡她，但是那時候我正在準備考試，所以沒有表示出我的心意，後來她交了男朋友……

兩個月前我們又聯絡上了，一年前的感覺又回來了，我們開始會每天聊天，有次我帶她回家被我媽看到，雖然尷尬但又有幸福感，她跟我說過她跟她男友感情出現問題，但是她說她沒有分手的理由。

現在她知道我是喜歡她的，不過最近她又說了跟她男友感情又變好了……

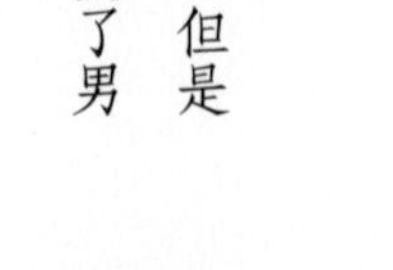

我想等她分手再說出我一年前沒有說出的話，這等待值得嗎？這大概是所謂的「備胎」吧？

A：

為愛而等待，這個等待是有味道的。是苦澀的也酸酸的，是懷著希望也帶著恐懼。這是個賭注，你得願賭服輸，沒有面對現實的態度，等待就會是可怕的得失心，等也不行不等也不行。

通常「沒有分手的理由」是可以拖很久的理由，只要你無視青春可能白白流逝，只要你知道你在等待什麼，你就可以繼續等待。你就會慢慢知道等待的日子裡也有忙碌的想念，因為在愛的世界裡，蹉跎是一種很有感覺的忐忑，勇氣是沒想太多的高貴，所有負面的情緒都找到積極的藉口。

你的幸福起點是建立在她和男友分手後，既然立定目標就不要反覆後悔，值不值得是信念不夠堅定的人在問的，備胎更是後悔的潛伏期。你要愛她，請不要三心二意，等到了，就是更艱辛的任務要你執行；等不到，你想過怎麼做呢？

愛的微妙在於，還沒有擁有她的時候，幸福感就在被你媽媽發現時來到你心裡了。反而是擁有她以後，常常出現感情淡了相處有問題的狀態，這是你現在要先預警學習的——怎麼讓你以後不要變成她男友那樣。

其實現在的你是離愛最近的。有了明確的目標，有了滿滿的期待，緣分給了你一個驚喜，讓你成為最有希望的挑戰者。拿出運動家最好的風度，贏了要感謝老天給你的運氣，輸了更要感謝老天讓你認識這樣的你，原來愛一個人可以這麼大方的浪費。

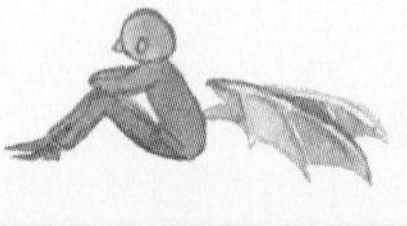

每一次愛情來臨，都是你靈魂的一次甦醒。至情至性的剎那就是永遠。

陪他度過，還是消失？

Q：

我是男生，去年我認識了一個男生，我們年齡相近，我對他也有好感，當然我就會主動去找他聊天，只不過他都不怎麼回我，後來我才知道他自己有男朋友了，所以我也沒有再繼續找他聊天。直到前天，他突然跑來找我，說想重新認識我，當然我也就跟他聊了，聊天的過程中他說他喜歡我這一型的，他也說他要找穩定的，所以我就以為他前一任可能很不穩定還是怎樣，我就問他，結果他才說他們其實還沒分手，很穩定，只不過他的前任一個月前車禍死掉了。我去看他的臉書，確實他講的是真的，不過當下我也知道他應該也沒有心去交下一個，找我聊天可能只是一時的。隔天我就這麼問他：「你其實也沒有心去交下一個吧？」他也跟我說對，那麼我現在應該怎麼做才是？我需要去安慰他嗎？還是陪著他，或者是消失在他身邊呢？

A：

如果人生可以重來，這三個選項你都該嘗看看。這三項各有各的味道，沒有對不對，因為都沒有惡意，只是選擇化成一縷清風拂過他的臉龐，或是變成隨風而去的霧消失在月臺，或是像一棵樹陪在他身旁，哪個合你意，你就選哪個，沒太多差別。

只是，你的心底也許有個疑問——這麼快就主動來找你，一定有相當的好感，怎會沒有心呢？也許我們的社會總是給我們很多輿論上的壓力，好像不能太快對誰有好感，不然就是對死者不忠，其實這些都是屁話。愛上一個人都是緣分在安排，可不是你想愛就能愛到的。要做這種輿論的好人最容易了。

當一個人真的愛上的時候，會很想忍卻始終沒忍住，莫名其妙地他就打了電話給你，然後就說溜了說你是他喜歡的那一型，當你問他是有心或無心，他當然只能說無心，不然還能怎麼說才恰當呢？

你現在怎麼做都不會錯。保持一定的神祕感，讓熱度不要太快燃盡。他從上一任到你之間需要一點弧度，慢慢轉彎，小心駕駛。命運給你們一個很順暢的開場，有點傷感有點夢幻，不用急著確認身分，能朦朦朧朧靠近、探尋、錯開、再靠近，最美。

每一次愛情來臨，都是你靈魂的一次甦醒，時間不長，別浪費。真要永遠，至情至性的剎那就是永遠，你可以跟他累積很多很多這種永遠。

獨占的壞處是，你會花很多時間在怕失去，你也會懷疑你無法分享。

錯在哪裡？

Q： 我來自香港，我整個學生時代幾乎都是聽您的歌曲度過的。我的問題困擾了我好多年，是我自己心結解不開，為了那點心結，我覺得自己都好像患上憂鬱症了。

我被劈腿了。但是荒謬的是，分手的理由是我對她不夠好（我的確有虧欠和欺騙她在先，結果那些都被她知道了。其實都是些小事）。我很討厭自己在感情上的個性，既自私又要面子，我明明知道自己是這個德行，卻無法改變，因為個性真的很難改。那場分手讓我覺得自己雖然是被劈腿的人，但是她反而是受害者。

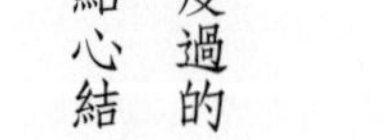

漸漸地，我開始自我壓抑，開始隔絕她的世界、她的交友圈，我不斷縮小自己的交友圈子，不上社交網，不上論壇，就怕哪天碰到相互認識的人，又談及到她的近況，或者晒出他們的幸福來取笑我。我知道她早已交了新男友，但我還是沒有辦法面對一切和她有關係的人。因為自尊心的關係，我沒有辦法接受從別人嘴裡聽到「你前女友現在和某某某在做什麼」這類的話。

我之所以會壓抑，就像剛才說的，是因為我的虧欠導致她提出分手。我一方面沒有辦法用冠冕堂皇的話來安慰受傷的自己，那樣會很假，因為是我有錯在先；另一方面分手本身對我的傷害已經不小了，從我縮小交友圈已經可以看出，我沒辦法面對那個屬於別人的她。這種矛盾讓我覺得自己又是受害者，又是加害者。每天活在這種煎熬中真的非常痛苦，我漸漸失去了尋找下一份愛情的動力，因為我覺得早晚悲劇還是會上演。

感情裡或許那些永遠在劈腿、或者永遠被別人劈腿的，都是幸福的人。最悲劇的應該就是我這種明明是個受傷的男人，心裡卻存在無數的內疚、自責和嫉妒。如今，父母逼婚的壓力很大，我真不知道該用怎樣的心態去迎接一場或許會是直奔婚姻的戀愛。很害怕。

A：

如果愛情和婚姻只有享有權，沒有獨占權，這樣會不會帶給人比較多的幸福？也就是說，享有他，他才屬於你。

獨占的壞處是，你會花很多時間在怕失去，你也會懷疑你無法分享。或許你問為何要分享，愛不是該忠貞嗎？是的，愛很難分享，但這個難是因為你想要獨占。當你接受對方給你忠貞，你接著就會懷疑他做不做得到忠貞，也就是說你都還沒享受到忠貞的好處，你就開始有後遺症的擔憂和疑心。

能不怕失去，就會多些心思去享有。

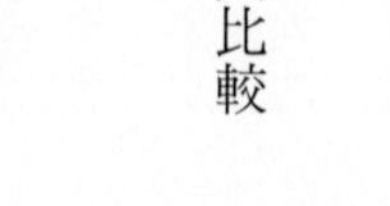

劈腿其實是很鄙視的字眼，說出這話的人也同時把恨釘在這字眼上。在愛的面前強調所有權就顯得毫無愛的本錢。沒有劈腿這件事，沒有外遇這件事，沒有背叛這件事……沒有的好處是，你就不會憂鬱到想不通放不下，你只有「沒有愛」這件事，你的心才不會被煎熬、害怕、罪惡、虧欠、吃醋……塞得滿滿。

你做錯，你感到虧欠；你生氣，你又沒膽子，你很容易把小情緒誇大又嚴肅地看待。愛，別拿尺來量，那是不懂愛的人才有的毛病。想要配得上愛，就要多記得愛的時刻，而不是讓不愛的記憶把你困在禁區。

要活生生熱騰騰的真實愛情，就不能企圖永久冷藏。每次感動都是限時享用，也許很短暫，但可以再製造。

那樣的若即若離

Q：

我今年二十九歲，是一位高中老師。我談過一次漫長的戀愛，長達十年之久。之後因為價值觀與生活圈、個性不同等分開了。分開是我提的。直到最近我過了二十九歲生日後，跟一個經由婚友社介紹的、大我兩歲的男生認識。一開始我對他沒有好感，只是當普通朋友，但這一個多月來，他很常打電話給我，很關心我，都會問我有沒有吃飯、有沒有休息、有沒有按時吃藥等。

之後他帶我去看電影時，就牽了我的手。那種牽我知道不是不小心的。之後過了幾天，他都沒有跟我說明為何要牽我，於是我鼓起勇氣問他。他回答我說，他是想讓我不要那麼緊張，想讓我安心。

其實我聽了是失望又生氣，因為我已經喜歡上他了。後來，我想說主動一點好了，買了手錶和衣服送他，他是收下了，也在半夜傳訊息告訴我說，他知道我要聽什麼，只是他還沒準備好，想要給我看到更好的他。我解讀了他的話好久，也造成我生活上的困擾。我甚至為了了解他，去翻閱很多星座的書，他是巨蟹座男生。

但最近，他對我的回應是，他希望跟我保持一定的距離，他不想有壓力。其實我聽到這樣的回應，覺得自己好像被玩弄了。我傷心又生氣，覺得好不容易對男生動心，覺得這個男生出現的時間點很好，是我要的。沒想到是這樣的結果。雖然我還沒完全放棄，但是，目前我的做法是不主動聯絡他，讓他自己去想、去思考。等他自己來告訴我他到底要怎麼樣。

離他生日還有二十天，我每天都寫一篇日記給他，打算在他生日那天給他，表達我最真的心。老師，您覺得我這樣對嗎？

A：對不對，不知道。有時候在這一刻是對的，但到了下一階段，很可能就大大不對了。所以要看你們各自的目的是否有交集，以及你們的緣分。

感覺上你們這段緣分有點晦暗，妳不確定他心裡有什麼過不去的過往，不然怎會像要靠近又似疏遠，讓妳覺得有被玩弄的困窘。不過妳比他大方比他晴朗，妳仍然瀟灑地揚起風帆，打算向不可知的未來乘風破浪。

所幸妳沒像某些女生氣急敗壞到結滿心結，既然妳已經決定再往前走，不如把他定位成需要妳陽光引導的對象。這方法是用不責怪的語氣來告訴他妳的感受，告訴他突然握女生的手的含意，就像不要隨便含情脈脈看著女生的眼睛又去撥她的頭髮一樣，那等於給了女生一個紅毯。怎麼可以說那只是讓妳安心，如果他的親妹妹請教他這樣的事，他會怎麼回答呢？

女生很容易被噓寒問暖打動的，但別把這好感無限放大。要活生生熱騰騰的真實愛情，就不能企圖永久冷藏，每次感動都是限時享用，也許很短暫，但可以再製造。像每天的活力早餐一樣，就是要勤勞和重視。

妳把戰局訂在他生日那天，一天寫一封信，有可能得到令妳幸福到哭的回信，也有可能是冷冷的風雪迎面而來。愛情最不該把心放下又把怨帶上，卡在尊嚴愛不了他，困在怨恨不放過他。妳很棒，拋棄那些陰暗的猜測走一條一翻兩瞪眼的日光大道，至少在生日以前，妳的夢妳的愛會像雙人舞在妳的情信裡燦爛的漫步，這麼一趟內心傾訴，可能比妳跟他真的在一起還要接近愛情。是的，妳路過了，看見了，也勇敢地實現。

如果他看到信，又退縮了，那就讓他留在原地，就用這樣的自信，繼續往前走，這自信比他重要多了。

什麼是緣分？
就是拿到入場券，歡迎體驗而已。

大多數人談的都是社會愛情，考慮社會期待而犧牲個人渴望，他們既不敢革命，也捨不了內心出走的誘惑。

門當戶不對，如何好聚又好散？

Q： 老師您好，我真的覺得很不知所措。

一年多前認識了一位千金大小姐，長相跟氣質都很非凡，那時心想這麼跩的人完全無法跟她溝通或是交集之類的。但在某些因緣際會下與她聊天認識後發現，怎麼會有人可以跟自己這麼契合。聊天、行為舉止、思想邏輯上，有點顛覆我對她的第一印象，而且她也覺得我很顛覆她的第一印象，就這樣我們陷入了熱戀（但是她有個門當戶對的小開男友）。

我們就這樣無話不談無所不聊，跟她在一起感覺很輕鬆自在，覺得自己做什麼或是想什麼她都是很了解的，常常自己心裡會想如果可以跟她真正的交往該有多好。但看看現實又會覺得我們是完全不可能的，我只是個凡夫俗子身世背景大不相同，再加上她有個門當戶對的男友。

我們都知道跟彼此未來不可能，所以跟彼此在一起相處時，都是為了開心、快樂、自由的相處，緣盡了那天我們就結束，不帶任何遺憾。

最近，我們之間的問題開始冒出。我的行為舉止讓她無法在跟我相處之下感受到以前的快樂，她認為我為什麼可以多關心其他人或是不在乎她了。

但我覺得我始終如一，且在幾次爭吵也很激烈的講出我內心長隱的不平衡，我認為妳有妳男友在，說實在的我這些行為又怎麼了嗎？且我們相處的宗旨不就是妳我都很開心自在不管對

方，因為我們都知道結果以及對方的想法。

我曾經問過她，既然妳跟妳男友相處有跟沒有一樣為何不直接分手，也許不用跟我在一起，可以找更好的人。她覺得跟我再一起很開心但沒有安全感，而她男友雖然平淡卻使她很有安全感，兩者在拉鋸。

這幾天的爭吵我覺得也累了，再加上很多負面情緒，我們決定分開。但常常還是會想起很多回憶，以及當初無話不談的我們為何現在變成無法溝通的兩人，覺得很煩，該怎麼好好處理這一切，好聚好散這種事情是否在電影裡才有可能發生的？

A：

千金大小姐如果不是浪得虛名，千金大小姐當然有她的社會壓力，這壓力可能是門當戶對的條件，可能是生活背景的差距，可能很任性，可能她也不想當千金大小姐。但不管是哪種可能，你可是明確地指她為千金大小姐。

誰都聽得出來你對她有很多怨氣都來自於千金大小姐這身分，想怎樣若不如願就鬧很拗的脾氣，這的確是很容易讓人受不了。但這有出乎你意料之外嗎？你為何那麼驚訝，還是你認為傳統千金大小姐已進化掉那些缺點？

如果你們都覺得你們沒有未來，或許你們該有個截止日。沒有勇氣決定何時分開，你們分開就會只有兩種，一是事情爆開被她男友發現，二是你們鬧翻。能定下截止日的好處是，好好分手，既然知道遲早要分手，這是沒有未來的愛情最好的部分，不讓愛情自然而然走到無味又糾纏。

其實真正的純愛情是不會有門當戶對這念頭的，但我們大多數人談的都是社會愛情，也就是考慮社會期待多過個人渴望。這些社會期待有的是來自父母，有的來自家族，有的是民族文化，有的是利

益。會為這些期待而去犧牲個人渴望的人，就會很難受。因為他們既不敢革命，也捨不了內心出走的誘惑。

你和她的分手太遜了，重新再來一次，請她吃個浪漫餐，慎重跟她說以下的話：

我想要跟妳好好分手。我想要祝福妳，因為我要我們分手後，妳很好我也很好，不要讓一絲怨恨來擋住回憶。對不起，曾經對妳的粗暴，不讓妳就是粗暴，再次對不起。

婚姻絕對不是你們同居生活的衍生，它有很多普世給的責任和期待，也有妳獨一無二的幸福標準。

懷孕了，一定得結婚嗎？

Q：我今年過二十四歲，今天發現懷孕了。

每次月經還沒來的時候，交往不到一年的男友都嘻笑著、說很想要小孩，說希望那是真的懷孕（沒想到這次真懷上了……），那時我有表達我想先結婚再有小孩。他也ＯＫ。

結婚，說實在是我被自己所阻擋，沒有勇氣執行。看了再多也無法體會結婚和有小孩的意義。

因為那個責任和現況，不是我自認可以承擔的；也因為原生家庭的關係，我對於成家這事情，看到的負面比正面還來得多。

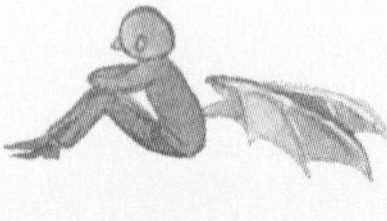

過半年了，我還沒有走到可以放心結婚這一步，有太多要磨合、要改善的事情。或許交往再更久、更了解，婚姻或許是可以考慮的，但是小孩向來都不在思考範圍內。而且我還有想要做的事情，完全沒有心理準備要步入婚姻、成為人母，也不想要發展成我得自己撫養小孩。

所以奉子成婚這事是在腦海一閃而過，然後就被打回票。為了孩子結婚，難道不會模糊焦點嗎？（唉離題了）

我最大的困惑是……信初提到懷孕的事情，我不知道要不要跟他說，再表態我不想要生下來的想法（若是他無法理解，我也明白這有很高的可能性會加快關係到盡頭）；或者我自己直接處理孩子（當然自己處理還是有很高的可能性會加快關係到盡頭）。

是我被恐懼蒙蔽了？或者有其他更好的處理方式？

A：

如果妳不打算在這種太多不明的情況下生下小孩，最好別跟他說妳懷孕了。因為即使他也覺得沒能力生下小孩，他都可能說要留住孩子，誰都背負不了不要孩子的無情罪名。

為了什麼結婚都是可以的，只是婚姻有最低消費，也就是說除了意願和感情和道德因素，你們要有起碼的能力，否則生活裡的各個細節都將充滿考驗。

婚姻絕對不是你們同居生活的衍生，它是和愛情與同居完全不同型態的關係選項，它有很多普世給的責任和期待，也有妳獨一無二的幸福標準，更要有怎麼擺平各種衝突意見的智慧。毫無準備，這就會是跟命運搏鬥的競技場，至於要準備什麼，首先妳要知道妳在婚姻裡要過怎樣的生活。

想要被尊重嗎？哪些？想要有獨立空間和時間，能嗎？如何不帶給對方壓力的分工，懂嗎？有沒有對等的價值觀呢？問題太多可能就

不想結婚，但不想問題就去結婚是不是一種欺騙呢？對自己和對別人的欺騙，因為這是壞的都不想也不預防的心態。

能在懷孕的時候思考這個問題，是進步的人類。因為妳的概念是，妳不好，和妳綁在一起生活的人也不會舒服。家人不該是熱情喊口號下的心虛團體，能多為未來的生活設些實際的保護門檻，才是愛能被平安保存下的最後良心。

不用擺脫寂寞，只要挨著寂寞就好。有一點寂寞才有一點需求，有一點冷才渴望擁抱的溫暖。

只愛做愛，不行嗎？

Q：我是個男同志，年輕不懂事時，在網路上認識了很多網友，常常都是第一次見面就上床，那時的我傻傻地以為能遇見真愛。當時的我甚至天真地問網友為何性愛如此重要。想當然，那些網友大多並非要跟你談感情，無非是玩玩罷了！這樣的生活過了幾年，我終於懂了這並非是尋找愛情的方式，但諷刺的是，我開始沉迷於性愛，我反而變成了我口中的那些網友——只性不愛。

知道光是打炮遇不到真正在乎我的男人後，我也確實遇見了幾個不錯的男人，但跟那些只想性不想愛的炮友相比，他們的性能力似乎弱了一點。以前的我不懂性愛為何如此重要，如今的我卻把性愛看

得太重。有時，遇見了真的不錯的男人，也變得很沒耐性，很想趕快跟對方發生關係。有時，還是耐不住寂寞，會去利用另一具軀體來撫慰自己的寂寞。我不喜歡這樣，可是又不夠堅強，沒有辦法抵抗寂寞。不知道老師能不能給點建議？

A：

你的這篇自省等於給很多男性女性異性同性上了一課，讓他們看到一個人在情欲世界獨自摸索的真貌。那些隱藏在地下社會的滾滾紅塵，雖然危機四伏，雖然陰暗潮濕，雖然傷痕累累，雖然結果總是事與願違，但很真實。比起我們慣見的光明世界的習慣性掩蓋事實，真的誠實多了。

這也是地下社會能存在的原因。因為沒有黑暗的光明，這光明就是另一種黑暗，是說謊的黑暗。

當光明世界的人用鄙視的眼光看愛與性的時候，這眼光就發展出一個黑暗的密室。是的，這黑暗正是這些不願面對真實的偽德者造成的，他們把性向分成正常的和不正常的，他們把性欲變成只能做不能說的骯髒，他們像希特勒一樣否定其他類型的價值，這樣子久了，他們就以為這一些執著都是真理。

擺脫寂寞本來就不是一件容易的事，尤其你還是體力最旺的年輕人，尤其這還是個同性戀地下社會。這些狂歡後的空虛，那些激情裡的永恆，都是趕不走的寂寞又回頭來糾纏你的海市蜃樓。

其實你不用擺脫寂寞，你只要挨著寂寞就好。有一點寂寞才有一點需求，有一點冷才渴望擁抱的溫暖。

沒有紅綠燈維持秩序的欲望大街，你一加速前行，代價就是匆匆碰撞，就像沒有底線的刷卡，付出的不僅僅是金錢，也會失去消費的快樂，無感原先會有的快樂。

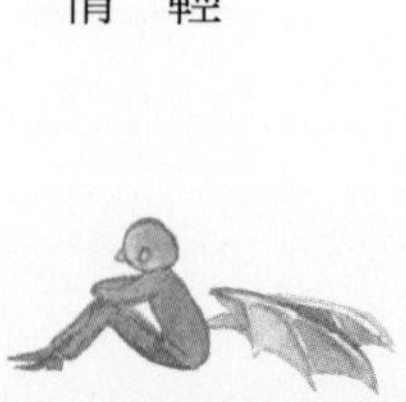

不過也不用強逼道德來治療你的空虛，道德是沒有療癒效果的，道德只能提醒你少做少犯錯。真正的治療是不要把愛和性綁在一起，只有愛的時候，它也許有能力光用愛就滿足你，但只有性的時候，其實這個只有也是很芬芳可愛的。

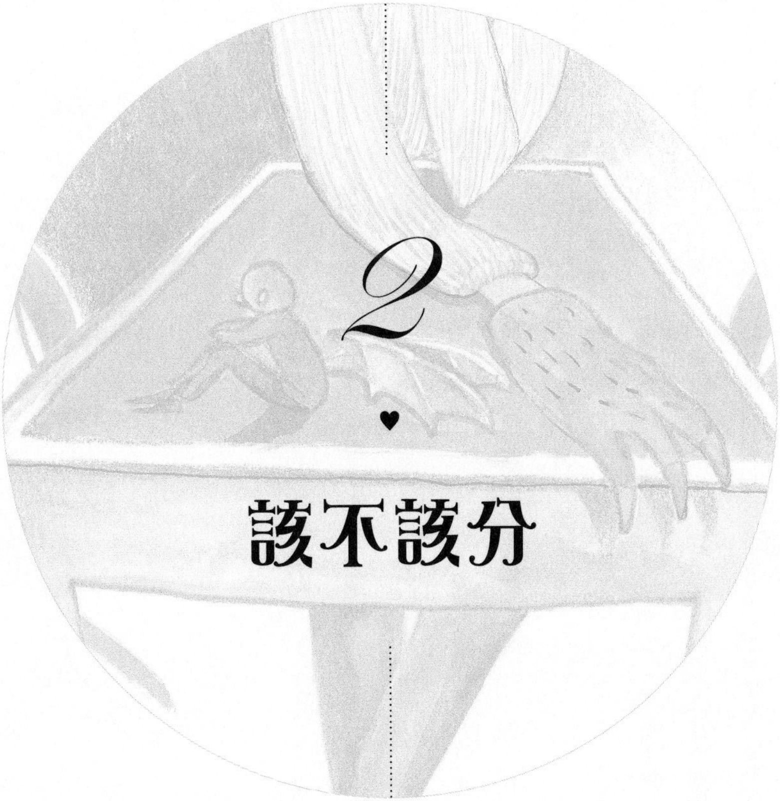

2

該不該分

回去只會讓孩子更親眼看到父親怎麼暴力母親。保住妳心中那盞明燈，有一天才能帶著這個好和孩子重逢。

孩子，媽媽不是壞女人

Q：

我是一個因為被老公不珍惜、家暴的女人，在忍無可忍的情況下，我們協議離婚了。離婚後，前夫不斷的糾纏，拿孩子們要脅我跟他復合，但我知道，他的情緒化跟暴力傾向是我沒辦法忍受的，因此拒絕回他身邊。但他惱羞成怒，不讓我見孩子，連一起出去吃飯都不肯（我們是共同監護，兩個孩子都在他那裡）。為此，我和他也正在打探視權官司（進行中，無期的等待）。

他的家人和他，一直灌輸孩子說媽媽是壞女人、拋棄他們跟男人跑了的觀念，我很氣，也很怨他，更心疼我的孩子沒有媽媽照顧。他要求，我的身邊不能有任何男人，還有，要繼續跟他保持床上關

係，他才要讓我看孩子。

我度過了一段痛苦的日子，每天想念我的孩子，飽受生離之苦，但卻又不得不打起精神安頓自己！後來，我遇見了疼惜我的人，對我疼愛有加（即使我前夫得知他的存在後還找流氓去他家鬧事過），也很清楚我的過去卻沒有嫌棄，他的家人也願意接受我的狀況。

他希望我們能穩定交往，希望我能跟他結婚生子，但我好怕，也好內疚，怕我的孩子長大之後知道媽媽另組家庭，心裡不知道怎麼想？也怕如果跟他有了孩子問題會很複雜……人是自私的，有了自己的當然疼自己的，怕是會希望我能跟前段婚姻劃分清楚，朋友們都勸我斷了吧！（實際上我也無計可施，前夫就是不願意我照顧孩子、甚至探視都不肯，也不准孩子跟我聯絡～不斷都不行）

我真的擔心，孩子們長大會不認我這個媽媽，甚至討厭媽媽（畢竟在他們需要照顧時我不在身邊），但我很清楚，我必須替自己打算，畢竟我還年輕，有權追求自己的幸福，但我心裡卻又覺得很罪惡。這種想法跟念頭常常出現，想請問老師，我該怎麼辦才好！（為了照顧孩子我才搬回離孩子學區近的地方，但前夫連見面的機會都不給，只想跟我單獨出去，我應該搬離這裡，到我男朋友身邊去嗎？）

A：

其實很多爛老公都是利用媽媽對孩子的感情弱點在施壓，妳越怕，越受他暴力凌遲，不但狀況不會改善，更有可能孩子還是怨妳的。因為他們會給孩子洗腦，然後等妳瘋了或永遠認命了，才會發現這一切的犧牲是無意義的。

不用過度擔心，孩子會在他們照顧下長大，因為妳回去只會讓孩子更親眼看到父親怎麼暴力母親。與其讓孩子在妳和妳前夫的矛盾中煎熬或混淆，不如讓他們在比較單純的環境中過日子。

要保住妳心中那盞明燈，這明燈就是給自己力量的指引，妳好，有一天妳才能帶著這個好和孩子重逢。不要喪氣，老天已派一個護衛使者來跟著妳一起打拚；不要恐懼，這個網路時代很難隔絕任何人的，孩子有自己的智慧，慢慢地他們會知道這家人有多扯。

給妳一個建議，從現在開始，再登記一個臉書，每天睡前寫一封信給孩子。字不用多，但要天天寫，等下次重逢，孩子就會知道離別的日子妳一直都在。

什麼是眼淚？
就是心情變成了液體，而液體是有故事的。

好不容易這世上出現不跟妳做愛卻願意跟妳一起過日子的男人，這樣的幸福妳不要，是妳傻到快配不上。

不做愛，不相愛，不離開？

Q：這幾天真的痛不欲生，一直以為很幸福的我，徹底被擊潰了……

結婚九年多，交往也來到第十五年了，想也覺得應該會平淡了，但我一直覺得我很幸福很幸運，雖然這些年也經歷了不少事，但我總相信他一直愛我如我愛他……

去年老二出生後，生活變得更加忙碌，最近半年他也展開新的工作，我感覺我們的生活交集越來越少，連作息都開始變得不一樣。我往往陪著孩子們就睡著了，他因為下班晚，我們都睡了後他常常還是自己看著電腦到三更半夜才睡，這種樣子讓我隱約有點不安，但一時也無力做什麼改變。直到最近我意識到我們已經有超過半年沒有親密行為了，雖然我們的頻率一直不是很密集，但過去總是在隔一段時間的某個夜晚還是會收到他的熱情邀約，超過半年還是讓我覺得有點奇怪，所以我開始懷疑他是否因為新的工作環境加上更長時間不在家而有了外遇。

觀察了一陣子，我沒有找到任何證據，但藉著這兩天他跟某位女同事較密切的來往，我開口質問他，他否認了。但我又進一步問他為何我感覺不到他對我的熱情了，沒想到他完全沒有猶豫的立刻說，他也這麼覺得，接著就開始對我說他已經想了很久了，他覺得我已經變「家人」了，他對我只剩親情的感覺，我完全沒辦法讓他有性的想法或欲望了……

我真的覺得整個世界都崩落了，搞不好比他有外遇還難過……其實我從來沒有在乎過那件事情，那件事情只有在感受到他的體溫跟感受到他對我的愛時才美好，現在他跟我說他還愛

我，只是他對我沒有性的想法了，我無法接受。他說真的沒有別人，他說他也不想離開我，只是不想騙我不想讓我不明不白，我追究著為什麼會變這樣的原因，他說他覺得可能是因為我的外在，因為我不是很愛打扮的女生，生了兩個小孩後又更常在家裡蓬頭垢面的……雖然我本來就是這樣，以前他也有點介意，但他以為時間久了就會接受，但他現在覺得好像還是不行。看著這樣的我，他覺得一點愛情的感覺都沒有，雖然他也懷疑時間久了是否都是這樣，但他還是覺得應該告訴我……

我哭了三天，他卻很平靜很平靜，說他沒有要離開我，可能真的不愛了吧……雖然我說我會改變，也請他努力再愛我一次，但我的心就是覺得好痛好痛，覺得沒有信心有再幸福的可能了，覺得看他的眼神不可能再單純，覺得我們的笑容也不會再真心了……

我問他我們目前的生活他感覺不幸福嗎？他說很幸福啊，有我把家裡跟兩個小孩照顧得很好，小孩又都這麼可愛。那麼老師你說，這世界有覺得幸福，但沒有愛的感覺的道理嗎？

A：

當妳的丈夫還沒說出心裡的感受時，妳覺得妳很幸福。當妳知道真相後，為何之前的幸福就消失了？難道這個幸福只是這句妳愛聽的話，不管是假的真的？

這就是妳的問題——無視於真正的幸福，只在乎表面的幸福，不問感受，卻被做愛的次數銳減而嚇得失去自信。如果持續保持做愛的週期和次數，妳才有幸福感的話，小心，妳散發出來的都不是意外的芬芳，很可能是罐頭式的香味。

妳說妳從未在意過房事，但妳卻為了妳不在乎的房事而崩潰，為何這麼假，寧願你的丈夫騙妳，也不願意聽聽丈夫心底的真心話。只能說妳沒能力感受妳丈夫對妳的誠實和勇氣，妳以為夫妻到老一直

保持每月幾次做愛是健康的狀態嗎？

夫妻做愛一旦變成責任，就會失去溫柔的體諒，想要自然而然，就不應該把這當作有沒有愛的標準。他對妳沒感覺，不是因為妳不打扮身材走樣，而是因為妳根本不愛。妳以為妳愛妳老公，其實妳在意的是那些表面的配備，只要配備還在，妳就覺得幸福。

他跟妳說實話，他沒有外遇，他也沒打算離開，這樣的幸福妳不要，是妳傻到快配不上這樣的幸福。或者妳該去尋找同類，跟妳的價值觀一樣的人，不愛做愛，但只要丈夫持續只跟妳做愛，妳就覺得丈夫的價值還在。

唉，好不容易這世上出現不跟妳做愛，卻還願意跟妳一起過日子的男人，妳不要又不想放棄的話，就該好好愛上做愛，如此妳才有臉要求妳丈夫跟妳做愛。

孩子會在另一條平行線陪妳一起長大。這樣的畫面不用捨棄不必難熬，只要妳在心裡惦記著他，他就會寫進你們彼此的生命裡。

離得開家暴，離不開孩子

Q：

這個月月初，我已與丈夫分居。結婚兩年多，一個兒子一歲一個月，屢次承受家暴！這次還連累兒子也被潑酒潑水。

我離家至今，沒有一通電話叫我回去，因為我二十三歲時離過婚，沒生過小孩，所以當時嫁他也是經過一番革命。他家的人對我是百般羞辱，我都忍耐！他們常將我離過婚的事放嘴上講，可是我沒騙他們啊！為了要婚姻圓滿，我百般討好忍耐，但我真的認為我先生瘋了！也或許是他受姊姊、婆婆的影響……

我曾經認為在那個家，家族對我不好沒關係，先生對我好就夠了！

但是現在，我認為他們故意逼我走！我真的已經做到問心無愧了！他們未必不愛我的孩子，卻會羞辱我的孩子，絕對是在糟蹋我！我已開始做兼職的工作，等待很難熬。老師，我該捨棄了嗎？

A：

這是一場很有味道的硬仗。有很清楚的目標，離開這個鬼家庭，把自己獨立起來後，再把孩子要回來。成功的前提就是要步驟正確，妳得先把自己變成有能力的人，其次才能想妳能把這能力給誰。

這次的婚姻很挫敗，但妳要慶幸妳能逃得開，有很多人是連離的機會都沒有的，那樣地待在那樣的婚姻裡，說有多苦就有多慘。

只要妳前夫不是沒有能力，也不會不愛妳的孩子的話，妳要繼續忍氣吞聲演戲給他們家看，這樣的忍辱是為了見孩子比較容易。

能遠離會家暴的前夫是唯一的幸運，帶著這幸運，繼續往前行，孩子會在另一條平行線陪妳同行一起長大。就是這樣的畫面，不用捨棄不必難熬，這是妳和兒子新的一章，只要妳在心裡惦記著他，他就會寫進你們彼此的生命裡。

暴力只要有過一次，就不該原諒。因為重點不在於要不要原諒他，而是妳要不要放過自己。

逃不了的暴力

Q：冒昧寫信打擾您，我剛結婚兩年多，當初就知道我先生喝完酒會發酒瘋而且會動手打我，可是好死不死我卻懷孕了。起初我不想生，但是我先生一直告訴我他會改，而我也不忍心拿掉肚子裡的寶寶，但在我懷孕十個月以來他還是常常喝完酒回家發酒瘋，摔家裡的東西加上三字經五字經言語辱罵。

現在兒子一歲多了，他還是時常這樣，也因為這樣導致我完全不想跟他發生關係。他酒後真的很恐怖，在兒子五個多月時他又動手打我，我有去驗傷，也有告訴我婆婆，可是婆婆對他也無能為力，只一再的要我多讓他、忍著點。他每次酒後就抱怨說娶個老婆不能摸不能做，然後三天兩頭喝完酒回家就發瘋把我們從睡夢中吵醒。

前天他又發作摔壞了我的手機，嚇壞了兒子，我抱著兒子衝去朋友家，回娘家躲了兩天，今天回家我跟他說我受不了了，我不想再過這種生活我要離婚，他卻跟我說他要跟我搶孩子，說我搶不贏他，因為我生完小孩是全職媽媽，沒有收入。我該怎麼辦？

A：

其實，暴力只要有過一次，就不該原諒，因為重點不在於要不要原諒他，而是妳要不要放過自己。

尤其是，如果妳的原諒是因為以下的原因：怕孩子失去「完整」的家庭，怕自己沒有能力獨立，怕失去老公，怕失去婚姻，怕被人講閒話，怕不知怎麼分清楚……

怕，是一種被操控的觀念，當妳怕孩子失去完整的家庭，妳就中了

這觀念的毒，以為這種表面的裝備是孩子心靈的根基。當妳沒能力獨立，妳就更需要積極讓自己獨立，難道妳還不從這件事覺醒嗎？如果妳能獨立，就不用被這樣的老公恐嚇。怕，是不敢面對問題的懦弱，不但解決不了原先的問題，還會製造新的問題。

妳的老公之所以會恐嚇妳不給妳孩子，是因為他害怕妳離婚，他的人生已經喪志很久了，才會用酒來麻木自己的現實，才會用暴力來發洩對妳和孩子的無能為力。給他機會，他不會覺醒，只有讓他痛醒，他才有機會開始。

把孩子給他，他才不會吃定妳怕妳離開，他才會去面對孩子該由誰來帶，他才會用比較公道的立場跟妳對話。妳這樣弱勢沒能力保護小孩的，妳要先恢復理智，才能為妳和孩子找到生路。

也許有人會告訴妳，再給妳老公機會，是可以的，但妳還是要獨立，不然這可能不是機會，是下一次的崩潰。

其實想要拋妻棄子的老公是不用先報備的，但他提出了這問題這老婆的反應卻露餡了。只管苦勞，不碰人性，感情怎麼會真。

多年青春算什麼？

Q：當老公跟結婚快十年有一個小孩的老婆說：「我若是遇到我這輩子最愛的人妳會成全我們嗎？我對妳沒愛了只剩家人的感情，但是我不會做拋妻棄子的事。」這老公他想幹嘛？這老婆多年的付出青春又算啥？

A：我希望妳能放下過去所有的感情觀點，把自己放空，好好面對妳提出的問題，因為很多人提問題，是帶著答案來的，就像妳的這個問題。妳最後說這老婆多年付出的青春又算什麼，如果青春是這老婆

多年的投資，那麼這樁婚姻就是個交易，既然定位成交易，那就好好來算一下誰比較吃虧。

講到青春，別忘了這老公也給了妳相對的時間，老公是不是像老婆那麼青春不重要，重點是這老婆是先看上老公的某樣特質才付出的，愛總是先得才給，除非妳被強迫。

其實想要拋妻棄子的老公是不用先報備的，但他提出了這問題這老婆的反應卻露餡了。原來她認定的婚姻是不能離的，不能有變動的，不存在感情變化這件事，所以誰提出要分手誰就會該死，就算只剩下家人的感情也不能離。

這樣的結果就很容易離。一個會在這問題顯現這態度反應的人，感情怎麼會真。只管苦勞，不碰人性，當然就只剩過去的付出可以當反擊的武器。

跟孩子的緣分，有時要順應情勢，太用力會讓孩子跟妳一起吃苦受怕。命運的劇本是極度殘酷的，不要拘泥在傳統的模式裡。

誰也放不下

Q：

我是個離過婚有兩個小孩的女生，現在交了個男朋友，他可以接受我的過去，但是他沒辦法接受我和過去有交集、關心小孩。之前因前夫不讓我看小孩的關係，我有半年沒出現沒過問，但最近小孩生病了，我有撥電話回去關心，長輩們希望我要就關心到最後，不然就以後斷乾淨不要有任何交集！現在男友沒辦法接受，如果我真的要小孩就得分開……

我很為難，我們彼此也不想分開，男友想建立一個家，他家人也知道我的過去，也接受了我！可以幫幫我嗎？我選哪都不是。

A：最好的方法就是想辦法改變男友的想法，想想他是為了什麼原因。是怕妳的前夫來找麻煩，或是覺得自己沒法給孩子對等的愛……不管他提出的條件有多不合妳意，那都是他的權利，而且能在婚前坦白說出的人都是正人君子。

每個人都有他付出的底線，當這個問題換妳回答時，妳也許比較能體會這個決定有多難。他也許只能負擔他自己生的孩子，甚至只想跟妳過兩人的生活，那種愛妳就要扛起妳所有責任的觀點往往後來都扛不住，畢竟當初的滿腔熱血大都是一時的興起，並沒有理性地評估自己的能力和意願。

問題只有，妳願不願意因為結婚而不和孩子有互動。

是很難，但也很簡單。

難在做母親的矛盾與不捨，而簡單地選擇是最好的決定。

跟孩子的緣分，有時要順應情勢，太用力會讓孩子跟妳一起吃苦和受怕，硬要把孩子拉在身邊的想法不見得是最好的考慮。對孩子的愛要衡量自己的能力，如果前夫把孩子帶得不錯的話。

在這個網路時代，妳還是可以遠遠留個線索思念著孩子，妳可以一天存一點東西給孩子，等到孩子畢業或結婚時，這個累積就會是感動的證明，證明妳一直都與他們同在。

命運給人的劇本是極度殘酷的，但再殘酷還是會留一條出路，這出路就是順從。不能見孩子，就換一種方式和孩子相遇，刺激自己的想像力，不要拘泥在傳統的模式裡。

性需求不再被壓抑，關起門來走進心裡，妳會察覺人人的需求有多麼不同，差一點點都不能屈就。

當女人的性需求不再被壓抑……

Q：

跟男友交往近五年，感情時好時壞，分分合合數次，每次都是我提出分手，和好的原因不外乎就是他始終不肯放手而我捨不得他難過於是復合。交往過程中我背著他和其他男生有性行為，因為我在男友身上得不到性愛的滿足，我試著暗示性的問他應該去看看醫生「早洩」的問題，但他不肯面對！

想分手的原因很多，但我心裡清楚的知道「房事」是最大的因素，最近我想分手了，他一直不懂我為什麼要離開他？他是真的不知道原因嗎？我該跟他提出這問題嗎？

A：時代真的是越來越進步了。當女性可以坦然地跟男友討論早洩的問題，真的太棒了！這代表個人的需求被重視，這代表愛不再只是說大話，這代表問題終於有機會被解決。

女性的性需求不再被壓抑了，相對的男性也不用再扮英雄了，不管是性器官太小太大，性能力太快或太強，只要人人找到自己的絕配，凡人都可以是英雄。

不要以為男性只愛長髮飄逸的高瘦美女，不要以為女性只喜歡高壯俊富。有些人因為早洩而分手，也有因老公性事要求太頻繁而受不了，甚至有人期待的婚姻是不要有性關係的。關起門來走進心裡，妳就會察覺人人的需求有多麼不同，而且差一點點都不能屈就。

應該跟他提，但要用很溫暖的口氣，讓他確定妳的心是愛他的。但如果確定要分手，那就不用提了，別讓它變成分手的唯一原因。

有錢人的想法是不一樣的，會提醒孩子不結婚就不要浪費女孩時間的說法，都是有錢人拒絕別人的老套矯情。

捨不下的未來

Q：昨天我跟我的男朋友分手了，他是企業家的第二代，但是小時候出國導致他相對的比較獨立。一直以來我跟他相處都很融洽，可能有些小小的生活插曲會小吵架，就這樣穩穩的走……快十個月了。

就在最後這幾個月，他的媽媽問他有沒有打算跟我走到結婚，他錯愕了！此時他才知道他完全沒有想要跟我結婚的念頭，雖然我的朋友群一個一個結婚，我也常跟他開開玩笑說「哪時候要娶我呀~」之類的話，但是我都不是真的有心的！或許這導致了他的壓力，他媽媽又說如果沒有打算要結婚的念頭，叫他不要浪費女生的時間，所以在前兩天他告訴我，要分手了！

我好難過，真的不知道該怎麼辦，我好希望他回來！我也拜託他給我一個月慢慢緩衝，讓我慢慢放手，但是我卻只是想要拖延跟他在一起的時間。現在他說一個星期不能見面超過三次，雖然有再跟我傳APP，但是感覺都不一樣了！我好難過……許老師，我該怎麼辦～～真的想一下子消失了～

A：

假期要結束前，總是有想把回程機票撕掉的失落感，尤其同時又在愛情裡落單，於是一個人就在天涯某處開始流浪了。

對於企業家的第二代，他要思考的不會只有你們倆之間的愛情，也不會因為出國讀書就變得比較獨立，就像只要他媽媽的一句話，立刻就跟妳提分手，還有比這更快速度配合的媽寶嗎？至於他媽媽說的不結婚就不要浪費女生時間的藉口，很可能是他們母子共同商量出來的精心策畫。

這麼好條件的男生，如果拿掉富二代的頭銜，是不是就少了很多光環，是不是就沒那麼難受，是不是就不用煩惱親朋後來的問起。

妳希望他回來的意義在哪裡？再拖三個月或半年，再等到對方母親說出更難聽的話？除非妳也不想婚了，除非妳也不怕他們家覺得妳就是拜金才放不下，有錢人的想法是不一樣的，他們比誰都知道財富和地位對人的誘惑力。

妳眼前的難過會給妳很多溫暖的幻夢，但不放下又回去糾纏的難受就會讓妳難堪，沒看過女明星和富二代結婚的惡例嗎？若執意要走進這樣的家庭，妳這麼脆弱地走進去很快就會陣亡的。沒看過甄環傳，也該有木蘭從軍的決心，這是要去打仗的，可不是辦家家酒。

最後提醒妳，告誡孩子不結婚就不要浪費女孩時間，該在她兒子談戀愛之初，難道她兒子第一次談戀愛嗎？說穿了，這都是有錢人拒絕別人的老套矯情。

連在熱戀時說話都這麼沒耐性，以後還要有多少小事會膨脹成大事。結婚不能保證到老，但沒有同理心保證吵到死。

先說了先贏？

Q：老師，我跟我男朋友交往一年，在我們的某次聊天當中，他跟我說他以後不想結婚不想有小孩。我說以後的事情以後再說，他卻回：我現在先跟妳說了，妳到時候就別說我沒先講。

我不是個不婚主義者，聽到這話心裡有點難過，可是又真的想想，婚姻不過是一張紙，並不是有了這張紙就能保證一定能在一起到老。我可以接受不結婚，可是只是不知道為什麼，他時而不時的提到，還是會讓我心裡有點刺刺的感覺。

A：這根刺，刺到的是同理心。當他說，妳到時候就別說我沒先講，這話大概只有小學程度，給人的感覺好像對方是來倒貼的，不要到時候想生小孩再來煩他。連在熱戀時說話都要這麼沒耐性，以後還會有多少小事會膨脹成大事？結婚不能保證到老，但沒有同理心保證會吵到死。

直接跟男友說，如果他妹妹被男友說這樣的話，他的感受是怎樣？婚姻不一定能得到妳要的保障，但一定會限制妳的感受，如果一開始的溝通要這麼粗糙，婚後就不知有多少這樣的事得忍耐。

妳的難受是很合理的，但很多女生會隱忍。忍不是美德，是亂忍讓妳節節敗退，就像賭徒一般，毫無十足把握，卻給了十足的信心。所以妳該問自己，是不是以後愛得更深時就會想結婚生小孩，這才是妳該問的問題。

妳是他第一個要搞定的人，但妳的大方讓他心慌。搞不定妳他沒辦法專心外食，這就是欲擒故縱的原理。

讓他劈腿，他反而想分手？

Q：我和我男朋友在一起三年半，我一直到現在都很愛他，可是我卻對他肉體的新鮮感越來越少，甚至完全不想跟他愛愛。我允許他去外食，他也去外食了，可是他跟我說他覺得這樣很不負責任，他覺得這樣的愛很奇怪，他說他不想讓自己變成這樣，然後他告訴我他想分開。我跟他說我可以為他改變，他跟我說這樣一來就不是真正的我了，不知道我該怎麼辦。

A：

很妙吧，當妳把他趕出去外食，他很快就回來了，妳知道為什麼嗎？他不是不喜歡外食，而是妳為何不像別的戀人那樣氣急敗壞怨他去外食，妳可是他第一個要搞定的人，但妳的大方會讓他感到心慌，是妳變了還是感覺冷了，還是有別人？搞不定妳，他就沒法專心外食。

這就是欲擒故縱的原理，但大多數人還是覺得不警惕他會更糟，以為放他自由就會玩到天荒地老，其實在妳的監視下玩才更有感覺哩！沒有妳的懷疑，心不會離得那麼遠，沒有妳的千叮萬囑，外食才不會那麼刺激。

他想分開，是因為當性不被需要，他的自信就會病危，就算妳不是不愛他，他也無法接受純粹只是單純的室友，雖然妳覺得當陪伴的室友更舒服。

放他走吧。不是每個人都能這麼輕鬆看待人與人的感情關係，太強調性與愛的關係，又太不懂性與愛兼顧，都把性當成勾引愛的手段，但又不肯承認，於是給自己洗腦愛和性不能不合為一體，不然愛就是不存在的。

但愛其實只是愛，性也只是性，有愛可以沒有性，有性也不一定有愛，妳的男朋友就證明了此話不假。

卡在觀念，就不是愛的問題。

什麼是祝福？
就是只要他快樂，你就感到滿足。

妳背叛了遊戲規則。雖然不在乎名分和分享，但每一次爭吵都會離妳的期望更遠。哪一種愛不會被爭執拖垮。

當偶像成為情人

Q：我的他是個國際知名演奏家，我當他粉絲快十二年，跟他通信的第八年，他來臺灣，竟約我見面，我們很快的就發生關係。後來他就走了，很少給我電話，因為他要到處飛，幾天換個國家，在一起第一年他也坦承他其他國家有情人，他也把我當情人。

第一年我沒那樣認真，覺得就當一夜情，因為他很少主動聯絡我，但我只要提分手，他似乎會緊張。他第二年來臺灣我們又見面，後來他承諾我會讓我去國外找他，也真的有讓我去，只要跟他在一起就好甜蜜，我也沒把他當大明星，很自然跟他相處，不過他會懷疑的問：我真的喜歡他嗎？我說：真的，不然我飛來找你幹嘛？

只是沒想到，接下來我越來越愛他，只要他不跟我聯絡，我就會傳訊息罵他，也經常跟他說分手，但他都會要我體諒他，經常分合。他常告訴我他不喜歡人家逼他打電話，他有空會打，然而第三年開始他就不太安排見面了，總說忙，事實上他也是經常忙到半夜，只是我每次都跟他吵見面的問題，因為平時體諒的都是我，跟他必須地下情，他說目前只能維持情人的關係，他現在正處於高峰，沒心力交女友。他希望我體諒，而我原本想名分不重要，重要的是他還能給我點時間……

結果他在第三年爆出緋聞，我很難過，因為他後來都沒安排見面，可想而知他是見了那個女生，但他一直跟我說沒有，要我信任他。我知道他身邊有一堆女孩好愛慕他，我跟他說你有自由去認識其他女生，但我在意的是你對我的誠信，我氣到說不要再繼續，但他知道我心軟，總是用哀兵政策治我。

後來那個女生又爆料，我整個大抓狂。我知道他不好受，我要他打給我，反而被他罵一頓，然後他甚至懷疑我要去爆料，我就氣到跟他說，既然你這樣說那我就去爆！他就馬上說對不起，一直跟我示好，我知道他嚇到了。然後他一打來不是道歉，是劈頭問：妳是不是把自己當我女友？是不是想嫁我？妳不是很多人追嗎？為什麼要癡纏我？還是妳認為我很滿足妳性那塊？妳的過往男友都沒我強？

結果他告訴我他第一年很喜歡我，但因為我太會跟他吵，所以就沒有以前那麼喜歡了，他要跟我說清楚，我跟他之間沒責任問題，他不需要安排跟我的見面和打電話給我，我問他那不就是炮友？他說不是，他喜歡我在乎我，我們之間有關係但沒任何責任問題，他想要打給我就打給我。我不知道該怎辦？我不知道他在想什麼？我能接受沒名分但是起碼給我點時間，但他覺得不需要負什麼責任，但又要我體諒他的工作，他還說「妳也可以在臺灣交個男友」，這我更不懂！我很喜歡他，我也知

道他喜歡我，我本身是個對婚姻沒嚮往的人，我在意的是相處，如今也四年了，我真不知該怎辦？

現在他來臺灣總是來兩天就走，每次要他安排見面他都說想想，但最後都沒有，連續這樣三年了，我問他有沒有想見面，他都說他有爭取，我也不知道他到底是不是在騙我，因為他都說他工作很忙，也知道他都忙，我是不是該還就他的工作？

A：

當妳和妳的偶像在一起後，妳的偶像就從天上來到了凡間，不再是偶像。不再的壞處是，妳不再用欣賞的角度去看他，妳開始挑剔，妳開始實際，妳開始犯凡間女子大多數會犯的錯。想過嗎？沒接觸本尊以前，沒跟本尊發生關係以前，妳和他的距離反而比妳現在跟他的關係更近更幸福。

妳把原先幻想和他的一切，切割出大塊時間去索求去期待去不安，可見擁有一個人對妳並不利，因為妳總是用負面情緒去審視妳的擁有，見了一次面後，就立刻忐忑下次能否有機會再見面，見面越多次不但不滿足還越匱乏，這就是愛的虛妄，愛是一貪心就變質的。為何會貪心？除了本性，就是妳背叛了遊戲規則。妳知道他在各地都有女朋友，妳怎麼還會認為他不會跟其中一人忽然想定下來？妳雖不在乎名分和分享，但妳每一次爭吵都會離妳的期望更遠，哪一種愛不會被爭執拖垮。

其實每個戀人都該像明星一樣有個定位，是屬於一年見一次面的牛郎織女型的，還是可以以結婚為前提的……沒有定位，你們的關係就會失焦，然後就會雞同鴨講，最後變成積怨成山的冷漠相對。

當一個明星有很多忌諱有很多狗仔盯著，所以妳恐嚇他很容易成立，但愛要用到恐嚇是多麼的不堪。報復愛要付出的代價就是公開

的難看，妳可以毀了他，但也救不了妳要的愛情。

其實能和偶像談戀愛真的是天上掉下來的禮物，但只能淺嘗即止。不想破壞天堂，就要少去天堂，能見到是驚喜，不碰面時，才能隨思念重返天堂。

沒有幾個出席喜宴的人真的看好誰。當妳把婚宴取消，也許不少人在心底是很佩服你們的，為了難堪而結婚對你們才是最難堪。

帖子都發了，可以不結婚嗎？

Q：我要結婚了，但是越接近結婚越覺得不想了，覺得他變得很多事情都不在乎，我們變得很常吵架，有時是為了結婚而和好，他也不再讓我，但帖子都發了如果反悔多難堪，但我又怕嫁了會後悔，怎麼辦，請開解我一下，謝謝您。

A：就算妳婚前沒發生這些問題，婚後還是會碰到的，而且是常態。婚姻不是你們感情的加法，婚姻是兩個不同生活習慣和價值觀的碰撞，誰越懂得從中找到平衡，誰越不被這差異矛盾所傷害。

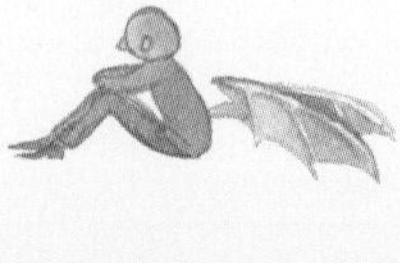

婚姻不是拿來享福的，婚姻是共同許下幾個願望，比如生子、買房、買車，是一場長期的責任戰，如何不讓愛情被責任吞噬，如何不讓孩子占滿了行程。你們一旦不重視愛情，你們就不會讓，不少新人在婚前為了婚禮鬧到想撤婚，因為開始嘗到剪不斷理還亂的生活瑣碎的糾纏，原來介入另一個人的生活是多麼會把權利無限上綱。越介入沒有越多呵護，反而越多抱怨和不平衡。

讓是婚姻的法寶，但也是互相的，妳要有辦法吸引他讓妳，而不是苦苦地等他讓妳。讓不是策略，是溫柔的最後保護區，當進入婚姻不久關係漸漸因習慣而變成平淡，當多項責任攬到身上忙到只剩下責任的時候，你們就會很主觀地數著自己的付出和對方對自己的疏忽，完全看不到彼此都在疲累又茫然的狀態。

這是一開始就信心十足立下大承諾的協議婚姻，你們並不是特別不合的一對，你們的問題真的不是問題，問題是妳想過進入婚姻可能會碰到什麼問題嗎？

不用怕後悔，也不用難堪，沒有幾個出席喜宴的人真的看好誰。當妳把婚宴取消，也許不少人在心底是很佩服你們的，為了難堪而結婚對你們才是最難堪。

婚姻不是面子，別卡在面子的問題。

婚姻裡的需求越不罐頭化越能讓妳幸福，妳應該為自己量身訂做，誰不是在那套餐般的婚姻裡浪費連嘗都沒嘗的部分。

三人行，不行？

Q：

我與前夫認識快十五年，相戀三年多，結婚七年多。去年初我坐月子期間發現他外遇，他曾經提離婚，但後來兩人慢慢經營，感情日漸升溫，我再度嘗到婚姻中久違的戀愛滋味，但到了年底他與小三再次復合，再次提離婚，但他提離婚的原則是：一切狀況都沒變動，只是他不喜歡婚姻制度的枷鎖，他還是會像婚姻中一樣生活，一切照舊。我在想挽回的心態下，傻傻的簽字了，然後，他與小三更親密了……

我在過年前跟他提出，我受不了了，我要搬走了，但他隔天說已經和小三分手，過年期間，他又再度對我好好，讓我又心慌意亂。過完年回來，我知道他跟小三還是藕斷絲連，讓我又陷入深淵。

我們有兩個孩子，五歲多和一歲，我們都很愛孩子，我也好愛他，我知道我已失去太太的身分，但我無法這麼快割捨這段十多年的感情，他對我也還不錯，每天都有話題聊，就像從前一樣，只是現在多了小三，所有那些關於離開會更好，屬於妳的跑不掉……這些話我都知道，但是每當他和孩子互動，全家出遊，兩人約會，都那麼美好，我真的割捨不掉……我該怎麼辦呢？

A：

從妳的字裡行間感受到一個重點——妳覺得老公雖有小三，但妳覺得老公對妳還是很好，讓妳越發留戀全家出遊的美好時光。可是當親朋告訴妳屬於妳的跑不掉或離開會更好時，妳又矛盾痛苦了，因為這些勸妳的話跟妳感受到的不一樣。

跟著妳的感覺走吧。

什麼是放手？
是放下結果，找回自我。

有些人老公沒外遇但彼此也沒互動，有些人因老公外遇離婚後依然走不出陰影，這兩種人就證明離開不一定更好。屬於妳的也不一定跑到妳心裡，不是嗎？因為這時的勸都是罵對方，不是在救妳的難受，大都只有八卦的傳播效用，既過時又膚淺。

為何要妳跟著感覺走呢？因為婚姻裡的需求越不罐頭化越能讓妳幸福，不要再漠視妳的需求。不要追求眾人的期待，妳應該為自己量身訂做，誰不是在那套餐般的婚姻裡浪費連嘗都沒嘗的部分。

當婚姻裡還有美味的時候，當妳還不想全都丟棄的時候，請相信妳的收穫，請放掉妳的恐懼。幸福是跟著滿足的人在一起的，不是跟標準訂得很死很高卻沒主見的人走的。

要，就要有能力讓對方心甘情願的給。要奪回愛，妳以為是靠大老婆的身分嗎？還是道德或法律？其實靠的是真材實料的魅力。

老公沒了心，該留下嗎？

由於她一開始的問題過於簡單，我傳訊息問她，在了解更進一步的原因後，有了之後比較激烈的回覆，這是我最強悍的一次回覆，希望是對的。

Q：

我是婚姻失敗者，老公背著我偷吃第二個，現在這一個他要我接受，要我成全，說他把心跟愛全給了這個女生和她的女兒，我都成全接受。我這樣做是對是錯？

他說放假一人陪一次，先生說他陪著外面那女生時不會想到我們母子三個，但他陪我們時心裡想的都是她們母女。先生說失去了她，就什麼也沒有了。老師我能睜一隻眼閉一隻眼嗎？這婚姻還有挽回的餘地嗎？

A：

這種男人還有留的空位嗎？妳問。

留了，但他若只是同情妳而留下，或是他是為了讓女兒有個完整的家的樣子，這個留妳能接受嗎？還是這只是妳的一時接受，妳可能沒有妳想的那麼大方，因為當他對妳稍微好轉的時候，妳就會幻想更多的好，進而又跟小三敵對起來。

空位是該為想來坐的人留的，他都跟妳說得那麼白了，可見你們的關係是不用別人來破壞的。就算妳擊退小三，他也不一定會回到妳身邊，就算他回到妳身邊，他也不一定是跟心一起回來的。

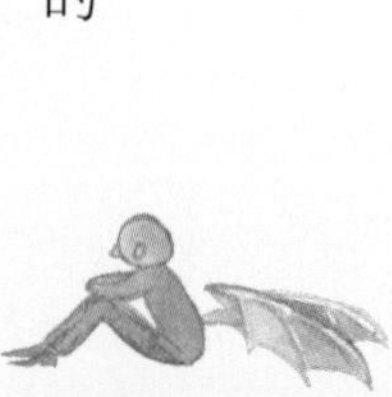

在這麼艱難的時刻，當我後來在訊息中問妳想要什麼，妳說妳要婚姻也要他的心，雖然他從這個月起就不再給妳一個月三千塊了，沒錢又不照顧孩子。這個老公妳要他什麼？原來妳是個這麼不理性又不知道要什麼的人。

要，就要有能力讓對方心甘情願的給；要，不能只管要而不管自己的尊嚴已被自己丟棄。都被拒絕成這樣，妳還想什麼都拿回，光這一點，就看出妳的無理取鬧。憑什麼認為這是這麼容易的事？要奪回愛，妳以為是靠大老婆的身分嗎？還是道德或法律？其實靠的是真材實料的魅力。

妳說妳從小父母離異，所以妳渴望給孩子一個完整的家，但這是妳騙過自己的藉口。就算沒有孩子，妳也是不會離的，因為妳說妳不知道離了婚後妳要去哪裡。

妳的老公經濟條件並不好，養孩子的錢都是靠妳的工作而來，老公又不陪孩子，這樣都還不能嚇跑妳，可見妳只想擁有老公這個配件，妳並不是愛妳老公。愛一個人怎能忍受他什麼魅力和能力都沒有，妳為了彌補妳兒時的缺憾，寧願犧牲孩子在這麼缺乏父愛的婚姻裡，這樣不僅沒有溫暖，還假裝有個完整的家。

也許妳有權讓自己繼續留在這麼糟的處境裡，但孩子不該在妳這樣的心態下長大。妳給了妳的孩子很壞的身教，當妳在面對人生重大的難題時，妳選擇逃避問題，並屈就一個不合理又不健康的執著。妳的勝算越小，保護孩子的能力就越小，老公都說對孩子無心了，妳還強迫他回來，這是什麼母親。

話說那麼重，是為了妳的孩子，希望妳自愛，別把愛寄託在任何人的施捨裡。讓孩子在真相裡長大，認識風認識雨認識人生的殘酷，都比活在妳製造的假象中最後再發現被騙要有益。

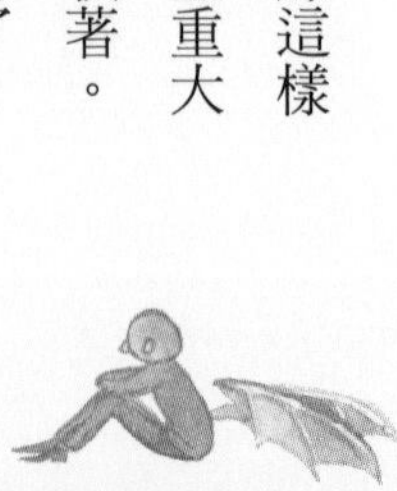

3

是不是背叛

真相是妳自己讓妳傷痕累累，不是別人。不甘心離開，又無能力閉嘴，不要以為錯都在別人，是妳讓別人無法愛妳才是問題所在。

不被愛的，才是第三者

Q：

我的男友，是我好朋友的前男友，我們沒有背叛任何人，也沒有對不起任何人，我們甚至可以說是被我的好朋友湊合的。在她離開他之後，我們朝夕相處可以聊好多好多話，也因為聊得來我們很快的相愛了……

我的男友和我的好友相戀了六年，那六年不是我做任何努力就可以擦掉的過去。我的男友曾屬於她，是個永遠不變的事實，也是我一直恐慌的事實，他們當初可以說是論及婚嫁，他們一起養了貓狗，我非常不高興他們會為了貓貓狗狗的事情聯絡見面。我們的熱戀只持續了不到兩個月，之後我男友把我當作透明人似的……整個人像

被吸入了一個黑洞，他誠實的告訴我他還愛著她，希望她回來，他每天都好低落，但我離不開他。

「不可能回頭」是她給他的答案，然後他說，他需要我……他需要人照顧他，我知道，身邊的朋友也都罵我傻，我很明白我這次回頭只是被利用，但我甘願，我願意用另一個六年換他的心……

但「她」會是我這輩子最大的恐慌，除非她在這世界上消失，不然我每天都要恐慌他們又聯絡了見面了。我非常不甘心她做的好多事，她離開時把我男友的錢拿光，她拈花惹草，她劈腿，她利用我男友的感情……

這次我們的復合，我男友依然不讓他身邊的任何人知道我們的關係，因為那女的在外面亂放話，導致我們的關係對我男友是個壓力，我總是在他身邊默默照顧他陪伴他，他傷我傷得傷痕累累也不曾回頭看我一眼，在他身邊的每一天都很痛苦，但我不甘願離開，因為只有我不離開我男友才不會有被她利用的機會……

我男友很清楚他是放不開自己，不是放不開她；我也很清楚我也是放不開自己，不是放不開他……

A：

妳的痛苦都是妳的選擇，跟妳男友的前女友無關，而妳男友的痛苦也與他的前女友無關，是妳自己覺得有關。

妳如果像妳說的那麼甘願，願意用六年的時間來換取他的心，那妳就不會一再說妳被利用。妳最大的問題就是不斷對自己說謊，不斷把自己逼到會傷害自己的區塊，妳的男友已經跟妳明白表示他忘不了前女友，妳卻把他的話解釋成他當妳是透明人，然後讓大家誤以為妳男友是爛人，妳說妳是不是很可惡。

妳離不開不在乎妳的人才是重點。真相是妳自己讓妳傷痕累累，不

是別人。男友的前女友做了再多妳不認同的事，都是妳惡意栽贓的，因為妳男友可都是認同的，就像妳的朋友都不認同妳對男友的支持，認同的標準是妳男友訂的，不是妳。

妳說妳總是默默照顧男友，但妳現在那麼多廢話困住妳是在幹什麼？不甘心離開，又無能力閉嘴，這就是妳在地獄裡輪迴的原因。

不要以為錯都在別人，是妳讓別人無法愛妳才是問題所在。

不要再污衊他前女友做的事了，至少她做的，妳男友都認可。而妳呢？能不能好好檢討妳給的是什麼，沒有這個前女友，妳也不一定能取代她的位子。

離開妳自己設下的圈套吧。妳根本沒讓他愛上過妳，因為戀情很少兩個月就醒過來的。

別再提他多不誠實，妳愛他離不開他才是現實。既然還離不開，既然相愛很難不出事，不如換個觀念保護它，用原諒他來犒賞自己。

我就是離不開

Q：我跟現在的男朋友交往將近三年半，他是別人心目中認定的好男友，大方、幽默、對女友很好，連很多男生都會避免的晒恩愛他也晒得很高調，所以在網路上或是他的朋友中我也幾乎不擔心，相對的我對外界女生的危機感也降低很多。

但是，剛開始交往的前半年，我突然發現他跟女客人互動密切，簡訊裡有「想你」的字眼，逼問下他說是其他同事拜託他傳的，因為同事手機壞掉，我也真的相信他了。後來在不經意的情況下，我在電腦上看見了那女孩的照片，甚至露骨的聊天紀錄，其間這女孩也可以接近我，知道我的動向，也知道我和男友感情很好。

是人都會跟她一樣，也會吵鬧，想當上名正言順的那個吧？連後來他們協議要分開了，他對她也充滿捨不得，他們留下很多在我看來是相見恨晚的無奈，背負這些背叛讓我過得好痛苦，吵了好久好久，我晚上都睡不著睡不好。他很愧疚，一開始還會一直哭跟我道歉，那女生從我發現事情後真的也消失得無影無蹤。

過幾個月後，我不時的想到這些還是會開始盧，後來他也被我盧怕了，告訴我如果他讓我這麼痛苦，他覺得他寧願痛苦選擇分開，還給我全新的生活。他不輕易提分手，這中間當然分不了也分不開，因為我真的無法斷得很乾淨，說實在的我也不願意分手，像我家人說的……我發現我真的愛得好深，這麼痛還不想放手……

這件事情拉扯好久，我半夜會哭鬧，會喝啤酒搞自閉，折騰了一年多，我心中的大石頭終於放下了，也不再為這件事情傷心了。他看我痛苦這麼久，他也跟我保證，以後不會再犯，也很有誠意，也一直跟其他女生保持很大的距離……紀錄真的保持得很好。

就在前陣子，我發現他跟他高中想要追的女孩出遊，我知道不是他約的但是他也赴約了，當然這件事情我也被蒙在鼓裡，我只能說女生的第六感很準，原本我不會去亂翻他的錢包，卻不經意讓我看到吃飯刷卡的紀錄，當下問還是不說實話，事後在笑鬧的情況下他才坦承。我請他告訴我全部行蹤他也交代得不清不楚，都是後來慢慢發現，他才開始講實話，發現一樣他才告知一樣。我明知道沒什麼，但還是會在意他們吃飯逛街，去過哪些地點，有沒有拍照？有沒有共吃一碗冰？我覺得我已經到了逼迫他的狀態，誰不能有朋友？況且還是多年沒見的朋友……其實事後我認真想想我發了這麼多的脾氣到底在幹嘛……

可是我會一直認定他應該要尊重我們的愛情，以前我也貪玩，可是現在懂事了，知道自己的貪玩會讓對方難過失望，我也都避免，身邊根本不用說會有蒼蠅，連要交心的異性我也都拒絕掉，第一時間就會想到他的感受。只是前前後後交往三年半，經歷的這些令人

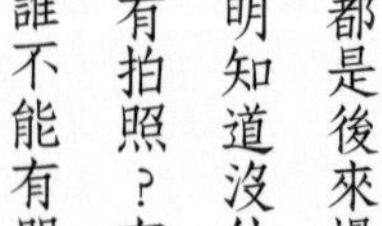

好傷心的事情，不知道是不是我自己的問題？雖然他一直說他才是問題核心，他還是貪玩的吧？前後兩次他給我的感覺就是愧疚到不行，他不能沒有我之類的，但是感覺忘記這些一起經歷的不愉快和痛苦後，過個幾年他還是會恢復這所謂的本性，我也不知道……

我們能不能這樣安穩的生活下去？再過幾年也許就要結婚了，未來的路還好長，到底還可以這樣被傷害幾次？後來連我都萌生一起貪玩的念頭……說不定會讓他想到其實以前我那樣死心塌地很美好？

現在我人生充滿無限選擇，我不知道繼續下去到底會不會再遇到同樣的問題？我知道我肯定會結婚，但我現在不敢確定，交出雙手後我能不能幸福一輩子，或是不再憂慮這些煩惱……更或是不應該把這棒交給這個人……

A：只要妳願意這麼想：拿起橡皮擦，把此刻以前妳和他的所有事都擦掉，全新開始，兩人都說好把過去忘掉，再不許提，過去是比較不成熟的你們的失敗作品。

就像打麻將，東南西北風後，換換位子，換個新鮮視覺背景，相愛相處更需這樣換個場景。不然不重視相處的新鮮感，你們不用誰介入就可能無味地下去或分手。

既然相愛很難不出事，不如換個觀念保護它，那就是，重新開始，以後你們的愛情只能是單元劇，要再持續演出，就要忘掉上個角色，投入新的身分，活出未曾遇過的感受。

把感情投資在新觀點，比守著舊恩怨來得有愛。愛情別再看對錯，最錯的是妳離不開他又無法好好愛他，過去就他媽的都讓它過去，幹嘛收集一堆灰塵往前行，難怪你們的生活不停地咳嗽，妳的男友快被妳逼瘋了。

不要再提他多不誠實，妳愛他妳離不開他是現實，本來年輕人就很難控制得宜，妳若不能接受，那妳談戀愛就很容易死得很慘。

妳知道他沒那麼壞，既然還離不開，就用原諒他來犒賞自己。

每當人們在感情上談到信任時，其實談的都是不信任。想像的敵人絕對比實際的敵人威力強大。

精神外遇，不算外遇嗎？

Q：我好迷惘。

先生之前外遇了，是精神上的……我發現之後，我們收拾心情，打算重新開始，但是他覺得他已經把心收回來了，只把對方視為朋友，所以他們還是朋友，也還會繼續當朋友，但這曾經是我的傷痛，我不懂不跟對方聯絡，有這麼困難嗎？

我明白愛是越限制，越不舒服，但我曾經的不愉快，難道就該瞬間康復？我希望他把對方的臉書、手機、ＡＰＰ全刪掉，他覺得這樣很沒禮貌，很不高興。

每個人都有不能忍受的地雷，我錯了嗎？

A：

這的確是個兩難的問題。鞋子裡有顆小石頭卻又不方便脫下鞋子扔掉，繼續走就會有段時間很不舒服，甚至會磨破皮。

到底是讓他體會妳心中的難受是愛呢，還是不要把小事變大事才是愛？或者請他換成是妳，理解妳不安的原因？難道不禮貌居然比妳的難受還重要？

真正的難就難在這是精神上的外遇，妳無法怪罪那個女生，你們共同要對抗的敵人是像空氣般的假想敵。

每當人們在感情上談到信任時，其實談的都是不信任。因為這個不信任病菌是會隨機傳染的，妳可以讓先生知道這個狀態，要他幫妳治好這個病，否則他也會遭殃。

不用情緒，只要溫柔的陳述，讓他知道妳生活在多不安的生活裡。換成是他，他應該也需要妳的幫助，他應該比妳更難承受。想像的敵人絕對比實際的敵人威力強大，如果他連這個都不能體諒妳，其實你們之間的互動已經很脆弱了。

沒禮貌，也許是真的。可是妳的不舒服，更是真的。

妳確實誤解了誠實的意思。誠實雖然像是個優點，但也有冷漠的元素；謊話雖然大都是錯的，也可能是浪漫的溫暖。

能付出的只有懷疑

Q：

我和男友已經交往一年多了，但是我不知道為何還是依然會懷疑他，會胡思亂想，最近每天幾乎都在吵架……

我和他是臺灣和上海的遠距離愛情，當然我也會在他學校假期的時候或重要日子的時候到臺灣玩幾個星期，不過當回到我自己的地方時，我們每天就只能用手機和網路聯絡對方。老師，我不懂為什麼只要每當打開他的臉書，看到有女生回留言或按讚的時候，我就像瘋婆子一樣胡思亂想，甚至說他和別人曖昧……

每次吵架都是因為我的懷疑，一年多了老師，一年多了我還依然懷疑依然不相信，這樣的我是不是不適合談戀愛……我真的太自私了，我完全不會顧慮他的感受，有時候吵架我還會拿他前女友來講。我總愛胡說八道，只要有任何一個女生在他的動態留言或按讚我就真的開始胡思亂想，只要打給他他不接電話，我就開始心裡不安，而每次吵架的時候我都會咬傷自己，才能慢慢冷靜下來……

我覺得自己真的好失敗也好恐怖，在這段感情上，我付出的只有懷疑，只有不信任。我曾經被傷害過，我前男朋友騙我說出去和朋友吃飯，後來讓我發現是女生，所以很容易懷疑現任男友，我不知道我是不是該放下這段感情，好好養好自己才談愛呢？我上禮拜找了一位心理醫生，而我正式患上了憂鬱症和恐慌症。

這禮拜的爭吵不但傷害了他，我也傷害了自己，我不知道該不該走下去，我真的好累，覺得自己太自私根本不配愛。我真的無法把信任交出來，我該怎麼辦……

A：其實妳的懷疑是很正常的，愛本來就很容易讓人懷疑。

所有的情話都有誇大不實的特性，比如我會永遠愛妳，聽來很真誠，但大家心知肚明這個永遠只是信心喊話，多半做不到。比如沒有妳我會死，明明不會死，但雙方不但都沒有意見，還會留下幾滴感動的眼淚。一旦妳相信了這些情話，當感情從熱烈轉到平淡時，懷疑就會來妳腦中作客，破壞妳原來平靜的生活。因為懷疑有偽愛的嫌疑，讓妳以為妳對他很在意，其實只是在意他有沒有亂來，哪有愛。有懷疑存在，愛就只能站在心的門外。

妳說妳曾經被前男友騙，有可能是這原因造成妳對誰都不信任，但誰沒被騙過呢？妳確實誤解了誠實的意思。誠實雖然像是個優點，但也有冷漠的元素；謊話雖然大都是錯的，也可能是浪漫的溫暖。

如果妳不能接受有女性在他的臉書按讚，就不要去看他的臉書。如果妳對他什麼都懷疑，或許單身是個不錯的選擇。就像有些人聞到臭豆腐就抓狂，這懷疑就是妳的臭豆腐，不吃就沒事，不愛很自在。

跟妳男友說，妳要和他道別了，在還沒征服懷疑以前，妳希望一個人生活。如果他想持續關心妳，請他常常到妳的臉書按讚，也許這樣淡淡的關心，才不會讓妳的心被懷疑滾燙。

最後再跟自己說，沒有他，但有了自己，這樣不賴。

別老問他愛不愛妳，愛不是用付出和犧牲換來的，愛是要勾引，就像外面那人離你們如此遠，離他的心卻比妳這已婚的來得如此近。

他是愛我的，難道不是嗎？

Q：和男友交往五年了，這中間當然也經歷了幾次他與別的女人搞曖昧爭吵，我愛他，陪他走過他人生最低潮時期；我愛他，幫他度過金錢上的困難；我愛他，努力經營與他家人之間的關係……

去年，我們達成共識今年初要訂婚，但因他工作及課業忙碌所以稍微延期，我向他提了幾次想先登記結婚，然後有一天，他突然約我去登記，我真的好開心……

但一切的開心卻在發現一個真相後全毀了。原來在去年他身邊多了一個她，在我們蜜月旅行時，他每天都跟她聯絡，問她在做什麼，問她有沒有亂來，甚至一回國他迫不及待想去找她……

我們的互動一直很好，也一直覺得他很貼心，我一直相信他是很愛我的，我告訴自己他只是把外面的女人當性對象，沒感情的，畢竟對男人而言，迷戀與一個女人的性愛並不等於愛她，對吧！

A：

很愛一個人的時候，妳選擇了幫他解決所有困難的方式，所以妳幫他解決金錢的問題；妳陪他度過最低潮的階段，妳假裝沒看到他跟別人搞曖昧，妳的作為已慢慢從愛人變成過度溺愛孩子的母親，而身為這樣的母親，下場是孩子會漸漸覺得妳的付出都是妳自己要付出的，都是妳自己不這麼做就會難受的，不要什麼都怪他不珍惜。

然後妳會越來越不高興他這種態度，會不自覺你們相處的狀態大都在不高興，然後一熱一冷的落差下他就更想和外面那個人靠近。

他當然是愛妳的。但愛能持續多久才是妳該注意的，不要老是問他是不是愛妳，會問這問題的人都是離愛有點遠了，愛不是用妳對他的付出和犧牲換來的，愛是要勾引，就像外面那人離你們如此遠，離他的心卻比妳這已婚的來得如此近。

勾引的方法是，不要滿足他，這樣他才會持續需要妳，妳太把愛當交易，太迷幻自己的需要，以為給了什麼就能得到什麼，這樣只會讓妳漸漸失去他，因為妳會越來越痛苦越不爽越恐懼離開。

告訴妳老公，不要讓妳感受到外遇的蛛絲馬跡，否則妳會一刀兩斷。做不到這點，妳只能委屈成毒蟲那樣可憐。

迷戀，不一定是愛，但比愛還吸引人。

什麼是無情？
就是看似有理的話，卻很冰冷。

妳原諒他只是想維持妳依賴他的習慣。妳以為他犯錯，但這是許多年輕人會有的高難度考驗，通不過不表示是混蛋。

是不是背叛？

Q：我跟我男朋友已經在一起兩年了。我們剛在一起第十個月的時候，他突然會很神祕兮兮偷偷摸摸的看手機（之前從沒這樣）也設了密碼。我原本不是會偷看男朋友手機的人，因為我覺得每個人都有隱私，但是看到他每次都鬼鬼祟祟遮遮掩掩我實在很不舒服，所以有一次偷看他輸入的密碼，並趁他睡覺的時候看他的ＡＰＰ，才發現他跟一個約大我們五歲的大姐姐有來往，而且聊天內容非常色情露骨，我當場不動聲色，隔天套他的話發現他不斷否定、說謊完全不會心虛，我就直接攤牌說我看過他手機了，我不能接受男朋友跟別人曖昧不清的愛情我要分手，他就傻住然後抱著我哭，說他很愛我、他只是一時糊塗、他再也不會了。

因為我也很愛他，於是我就心軟了，再給了他一次機會，而我因此變得神經兮兮又管他很多。而他又是很會跟女生說曖昧話而不自知的男生，所以我現在都會檢查他的手機，為此我們都很痛苦、我更覺得累。最近我又發現他跟一個大姐姐曖昧，言談間提及愛跟喜歡，大姐姐問他怎麼區分，他說他也有點迷惘了，我看了心情很不好，但又不能拿這個跟他吵，因為他說他不喜歡沒有隱私，但我覺得他本來就不應該跟別人曖昧不清，他最近又叫我給他多一點個人空間。老師我該怎麼辦我快瘋了，要分手？要攤牌？還是我太小心眼了應該要包容？

A：

所以說，不是不能偷看別人手機，是看了之後妳有沒有能力消化那些妳看到的不舒服內容。妳也許反問，那就是鼓勵這樣的人繼續亂

搞嗎？如果妳就是這麼愛鑽牛角尖的話，是的，不然妳除了抱怨和快發瘋，妳還有更好的態度嗎？

明明知道要綁住人對妳一輩子的忠誠是不可行的爛方法，除了讓妳掉進要死要活的深淵，妳說妳得到什麼好處？不能有跟得上時代的感情思維，那妳何不維持滿清時代纏小腳的風俗？為了怕妳跑遠，就纏住妳的腳，這就是我們傳統婚姻制度的思考模式。

歐美新一代的族群，他們的觀念是把性與愛分開的。一個在性方面和妳和諧的人，不一定是跟妳生活相處合拍的人，並且只有經濟獨立的人才不會被依賴所害。他們的結婚率低不會像我們這樣多數是因為對婚姻和人絕望，而是因為他們認為不依賴別人過活才能保有彼此最好的關係。

妳原諒他都是假的，妳只是想透過原諒來維持妳依賴他的習慣。妳以為他是犯錯，但這是許多年輕人會有的高難度考驗，通不過不表示是混蛋，通過的也許是妳沒發現，這種讓兩人陷入高危險區塊的婚姻制度和傳統感情觀，才是問題所在。

那妳又問，該怎麼辦？

辦法是，換一個腦袋，好好享有在妳面前的他、心裡的他，其他時刻都不是妳的。經濟獨立，最好不要同居，當妳獨處的時候越豐富，妳才有魅力吸引他跟妳靠近，沒有吸引的能力，妳就算用婚姻銬上他的手，他的心也不會是妳的。

如果可惜，但又怕複雜，甚至擔心自己萬一陷進去，那你覺得不妥是有道理的。「可惜」忍一忍就過去，但複雜可是很難單純回來的。

專屬於一個人，一定包括身體嗎？

Q：我是二十六歲的男生，目前單身。認識一位二十四歲的女生，有時候會APP聊聊。認識一個月後，第一次出來吃飯聊天，有聊到性愛話題，如果要開房間或帶回家發生關係，一定可以，從聊天內容明示暗示都很明顯。

中間聊天，始得知她有男朋友，就趕快叫她回家睡覺，現在無法接受跟有男朋友或老公的女生發生關係。她男朋友目前服役中，剩半年不到退伍，感覺她男朋友非常愛她，因為她男朋友知道她會跟其他男生單獨出去，也知道她之前曾經「荒唐」過。

現在心情五味雜陳，感覺有點可惜，但又覺得不妥，不知老師您怎麼看？謝謝老師。

A：

我的看法是，她對性的觀點和你不同，有些人覺得婚前大家都有再交朋友的權利，尤其是男朋友去當兵的空檔，有些人就覺得有男女朋友的不行。

不行的原因是，我們現今的感情主流價值還是以專屬為基調，所以非主流的觀點就只能隱晦地進行著。也許有人會說如果不能專屬就不該騙人，但我們這社會哪有給人公道地選擇，如果一個女生跟所有男生說我愛你但我不會只跟你上床，你說有幾個人能接受呢？

很多人都暗地在出軌，不管是男生女生，不管這其中大部分都還是支持專屬論調的。

如果你覺得可惜，但又怕複雜，甚至擔心自己萬一陷進去，那你覺得不妥是有道理的。「可惜」忍一忍就過去，但複雜可是很難單純回來的。

我不是鼓勵大家出軌，我是覺得不要再用專屬那一套來騙自己的安全感。能好好珍惜享有的部分，勝過去在意你猜疑的那部分。

面對我們對愛的欲望，面對我們要的愛的高度，面對長期一起生活下去的婚姻，這三個面對是各自獨立的問題，不要混在一起談。

分不清楚自己愛誰

Q：

我今年二十二歲，我有一個跟我在一起兩年多的男友，我們同居。今年三月我進我爸公司當臨時祕書兩個月，認識了一位同事，乍看之下以為二十出頭，實際詢問才得知已經三十七、三十八。他有家庭、有小孩，但沒與老婆同住，休假才回去看他老婆跟小孩，否則都是在臺北，所以他相當自由。

我曾經問他為什麼會結婚，他說因為他很滿意老婆跟他的相處方式，給彼此很大的自由空間。兩個月後我離開了，之前上班時會聊天，下班時也會用手機聊天，甚至離職後也有聯絡，直到離職沒多久後有一次相約出去，有了親密的互動。

我也不排斥，雖然有點害怕，在那次之後，發生了關係。到現在我男友也不知道，我不知道為什麼我願意跟那位同事這樣，但之中似乎沒有情感，聊天也是有一搭沒一搭，沒有一開始的熱絡。我也沒什麼感覺但是還是有發生一、兩次關係。我很愛我男友，或許只是透透氣吧！我這樣算是愛我男友嗎？

A：

愛是瞬息萬變的。就像參與了一場歌唱選秀，妳會因為遇到怎樣的對手而實力不同，愛是需要被激發的。

妳有維繫了兩年的現任男友，按照感情確定關係的法則，妳劈腿了。還好不是那種暈了頭的，所以妳還能在發生關係後還覺得愛妳的男友，但如果遇到的是超級致命吸引力，那結果就不會是這樣。

其實不管妳愛上誰，你們都可能走到不知道還有沒有愛的時刻，因為一切都在重複，只有意見不同在堅持。一如他也離不開他老婆，你們這兩對都不是想換伴侶，都還是離不開原有的關係，但就是老問題加上平淡。

也許有些人看了妳的問題就大罵，但一罵就罵出了失焦，很多人遇到這種問題都沒法這麼誠實地提出問題。這只是很普遍的劈腿事件，如果還是要以法律和道德來批判，那妳就會掉進以往的人對這事情的無奈，離不了又不停罵。其實面對我們對愛的欲望，面對我們要的愛的高度，面對長期一起生活下去的婚姻，這三個面對是各自獨立的問題，不要混在一起談。

也許這件事讓妳知道妳還愛妳男友，也許也讓妳知道妳和男友的愛沒妳想的那麼堅定，能誠實面對我們的人生，就不怕一時的迷失，更不用跟其他人那樣說一套做一套。

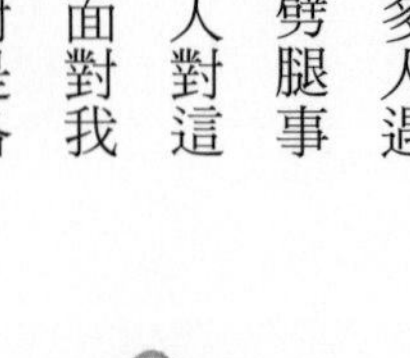

偉大的愛情都是與傷痛同在的，如果妳問我值不值得放手等，不如由我改問妳，妳相不相信可以放手愛。

我是否該放手等她？

Q：老師您好，我今年二十二歲我是女生，我的女友小我三歲。從在一起到現在已經一年多了，彼此皆為初戀，所以感情一直很甜蜜。但是最近她卻告訴我，她有個想法，她想嘗試跟男生交往看看，她渴望體會那種感覺。但是同時她也覺得很矛盾，因為不是我不好，她也還是深愛著我。

我問她，那她是否遇到心動的對象了？她說還沒，我又問她那她放得下對我的感情嗎？她回答不知道。她說因為我們是同性之間的愛情，有時候她找不到可以討論問題的伴，所以她選擇跟我坦白，但她卻又希望我可以等她。

聽完這番話，心情很難過，我很矛盾，也很徬徨，想求助老師的建言，謝謝老師。

A：

妳的女友才十九歲，可以的話讓她去體驗看看，就像面對自己妹妹第一次要去談戀愛的心情，雖不願也不捨，還是讓她去體驗。

妳們都太年輕，妳們還會有很多戀人，妳們需要更多體驗，妳們的思維要比上一代更進步，不要只是用愛這麼簡單的標準來評論。

有時候，妳們必須學著做個好情人，不要自私到什麼都要牽扯到愛，妳們都知道感情都是有期限的，很濃不一定代表會很久，很久不一定代表是幸福，能在最幸福的時刻畫上句點，也許很苦，也許很慘，但會很光榮，不是嗎？

不用矛盾，愛情本來就是矛盾，要妳等她，要妳成全她，要妳自己去面對妳腦袋裡的胡思亂想，很難，但如果做到，妳的感情力量就會升級。

是的，如果妳做到，妳會脫胎換骨，妳會發現即使不答應，她仍會去想這件事，甚至會更想嘗試這件事，與其把她的渴望關起來，關到對妳也失去渴望，不如放她去飛。妳也得到她的承諾，留著這樣慷慨的溫柔在她手上，這麼絕美的畫面，何嘗不是意外的收穫。

偉大的愛情，都是與傷痛同在的，如果妳問我值不值得放手等，不如由我改問妳，妳相不相信可以放手愛。

要愛，就要純粹。不要怪他，妳要明白妳的身分尷尬，更要知道愛要單純才有機會開出花朵，妳的崩潰是貪心導致的。

豪門婚姻與真心外遇

Q：我真的覺得我快崩潰。

五年前，我和老公結婚，隨後就跟他回臺經營他家的工廠，也算嫁入小豪門吧。可是，有誰知道一個北京人背井離鄉嫁來臺灣的心酸，再加上婆媳問題，雖然在外人眼裡我很幸運，很快樂，可是我一直都不快樂。無法融入這裡，只能做一個家庭主婦，放棄在上海的工作。

一年前我認識了住在我家附近的一個未婚男生，比我大兩歲，他愛拉小提琴。認識沒多久他說愛我，我要他想清楚，我不要曖昧的

愛，也不要和別的女生分享愛，如果得不到全部的愛我寧願不要。我給他一個禮拜的時間考慮，第二天一早他就說他願意。

之後我們就在一起。只要他有空我們就約會，晚上我都要在家顧小孩，所以大多白天見面，因為他是做業務的，所以時間很有彈性。半年後，我回北京過年，因為他背著我和我的好朋友聯絡，我好朋友告訴我，所以我和他大吵一架，雖然生氣，但是因為愛他也相信了他的解釋（女生不漂亮，又是我好姐妹）。

回來臺灣後我們又和好，一次去他的住處，粗神經的我突然打開他的床頭櫃，發現了保險套（我們不用這個）。他解釋（南部的一群朋友來臺北，住在他這裡，所以不是他的），這次我還是放不下，又相信他。

之後，我會比較主動黏他，會關心他在哪裡，即使我晚上不方便出去，也會在線上找他，問他的行蹤。我們總是吵吵鬧鬧，分分合合。總也分不掉，也離不開彼此。這中間我也偶爾察覺他會偷偷用APP約別的女生，我曾經兩次假裝成別人在線上找他，他都有回應，並且要約女生出去見面。雖然我很傷心，但是還是不捨，也不能揭穿。

去年十月初他生日，我特意找藉口陪他去上海兩天一夜，定了高級餐廳，吃了頂級大餐，給他驚喜。他說，他從沒過過生日，我是第一次為他過生日的女生，他很感動。我乘機和他溝通，希望他遵守承諾，我會籌資金去大陸設廠，我們一起去發展。他委婉的說，只有在我們都有家庭的狀況下，才可以長長久久，我不認同卻也不想在這麼好的氣氛下掃大家的興。

之後，我一直嘗試要他遵守承諾，因為他一直給不了我安全感。最後，他承諾說他願意娶一個泰國或越南的新娘，這樣沒人管他，他也可以對家裡有交代。我無話可說。

前幾天，我們一起去泰國玩，我又偷偷看他手機，兩個月前，他告訴我一個長住泰國的客戶帶女兒回臺灣，二十六歲，那時候我就記起來，所以我想看看他會不會聯絡對方。沒想到，我們一到泰國他就傳簡訊給對方，他說：「兩個月了，又來到這裡有些傷感，總想著在路上是否可以偶遇到妳。」對方回說：「來者便是客，請你吃飯。」他說：「不用了，只是還是很愛妳。」後來我問他為什麼要這樣，他就把最後一句愛妳趕快刪掉，當面說沒有，我拗不過他也想說，別人對他沒意思就又原諒他，他也當面把對方刪除。

第二天早上，他從廁所出來就要和我愛愛，我不願意，但是他來硬的。邊做邊說，我現在開始不管妳和誰聯絡，和誰出去，和誰上床。只要我要妳，妳就必須出來。我求他放了我吧，我們好聚好散，他說妳以為這輩子我會放妳走嗎？我說這樣的感情我寧願不要，但是他還是邊做邊說別想了，我要幹妳到老。

中午我們一起去機場，我想靠在他肩膀上休息，他立刻彈開，我很傷心。之後，一路上我都假裝沒事發生，午餐時我也說多吃些哦，因為這是我陪你吃的最後一餐，他都不說話。我故意和別人聊天，他還是會在意我和誰聊、說什麼，會吃醋。我都假裝無所謂。飛機快降落的時候，我最後問他，這一年來你都沒有愛過我？他說不是。我說為什麼，他說他只是說實話。

之後我流淚握住他的手說，我們都要好好過，努力加油。他說，妳還欠我一臺法拉利（因為聊天的時候有說過，有機會就買跑車，他說他要法拉利，我說好），我說等我有錢了一定買了送他。他說那妳還欠我十年（因為我和前男友在一起十年了現在還在聯絡，所以他一直很介意），我故意裝傻說十年後我一定買得起法拉利送你。之後就沒了交集。到家後他有問我還順利嗎？老公有沒有懷疑。我說一點點，不過我答應老公不再和你聯絡，偶然遇見也會繞開。他就沒再回我了。

老師，我不知道他到底愛不愛我。我沒辦法失去他。但是，他一直

出軌我真的受夠了，他對我動手、爆粗口、劈腿，其實我一直無法接受，卻真的像著了魔一樣離不開他。我也恨我自己犯賤，放不下。我有家庭，所以，我活得更累，更辛苦。

A：

女人出嫁，有很多未知的狀況，尤其是嫁到遠方，與其說是為幸福遠行，不如說是一場冒險。

冒險的原因，可能是成長背景不同，可能是先天就有偏見，不知道公婆好不好相處，也不懂有錢的老公婚後會不會外遇，但不管是什麼狀況，妳的外遇都跟這些事無關，有關的是妳遇到了一位跟妳想的不一樣的情人。

妳是有決心跟他長久走下去的，所以妳打算和他到大陸設廠一起打拚，還好妳的美夢沒有進行，因為他想的是另一個劇本。

首先他不會認為你們有未來，妳有小孩及有錢的老公，光是這點他就沒有自信扛下這個夢想，他甚至不相信妳的老公會放過妳，事情若鬧大，他也怕自己變成人人看不起的「小王」，他真的沒有準備好，妳逼他，他只能想出娶外籍新娘的爛招。

不要怪他，妳要明白妳的身分尷尬，妳更要知道愛要單純才有機會開出花朵。妳一邊對不起老公和小孩，又一邊和他計畫你們的未來，為了不讓他卻步，妳籌錢要跟他共創事業。這麼多難題這麼多壓力，妳還堅持要他對妳忠貞，妳的崩潰是這些貪心導致的。

女人確實很辛苦，婚姻裡最累又放不下的任務大都是女人在負責，如果加上跟老公感情不睦，真的會想逃離，特別是如果這時候有個妳愛的人帶妳走。

豪門真的是很冷的地方，每個細節都有人在盯著，因為他們大都有一個看不起人的心態，就是懷疑妳是為了錢嫁進來的。不忍苛責妳

的外遇，但對妳這麼不會保護自己感到搖頭，要愛，就要純粹，不然就又是一場不同於嫁入豪門的同等災難。

理性想一想，這個男人並沒有你老公好，真要待不住這個婚姻，不如跟老公提議離婚。妳愛的這兩個男人其實對妳都不壞，只是兩個都達不到妳的標準，也許不要什麼都要，妳要的愛情妳要的人生才會不被誰支配。

什麼是謊言？

就是換一種方式說真話，而且比真話更能滿足人。

離開吧。妳現在的狀態只會闖禍，沒有能力愛任何人。

是我病了，還是他走了？

Q：我們倆都是已婚，三年多的地下情什麼都好，就是他總會偷偷地見一個比我早認識的單身女生，很巧的我和她有著同樣的名字。那女生三年前去了國外工作（據悉他老婆懷疑過他們，後來女的遠走他鄉工作了），但我相信他們一直有在聯絡，我相信他是在很寂寞失落的時候遇見我的。對於那個曾一起過的女生，加上長期分開積累的思念和新鮮感，她一回來，他總會陪她。最近我找到了那女生的臉書，字裡行間，這個單身女郎深知對於已婚的他應該沒有希望，但是愛情一直在，估計感情很深吧。

我為了這件事，每每從那女生的臉書找到蛛絲馬跡就會跟他大吵大鬧，他總說他也能有女性朋友，又沒有怎麼樣。但是我看到的是那女生每每回國後的綿綿情話，還有那些出遊的照片，永遠看不見持相機的人。我也以為我自己想太多了，直到我在一張有玻璃鏡反射的影像裡，看到了那件有字母的校園T恤，是他的衣服，錯不了。

他們竟然出遊了，應該不止一次了。

我要他交出電子信箱密碼，他不給，理由是那是他的隱私，多冠冕堂皇的理由啊！我們打起來了。由於我已經儘量不去看那女生的臉書，但每一年都去看幾次，每每幾個月或大半年都會有發現，現在週週吵架。前幾天，在車裡吵起來時我發瘋似地跳車受了小傷，昨晚他開車回去我們又在電話裡吵，他車子撞了，扭了腰。後來他說他太太接他去了醫院，應該不是大傷，我在電話的這一頭什麼都沒做，心裡還嗤之以鼻，覺得他活該。我，好像病了。

我傳簡訊給他：有你的家人在我放心多了，我什麼也做不了。你好好在家養病吧，珍惜眼前的人，他們才是對你最好最重要的人。

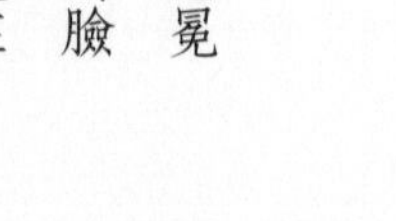

每每，我真的衝動得想給那女生留言，想知道究竟他們前後一起多久了，她知不知道這幾年他一直跟我在一起？她還癡情個屁。我沒有那麼做，因為要是我寫信給她，就代表我搞不定這個男的，是個失敗者。

每每，我真的想他媽的甩了他，但是他一次一次地對我好。當然，大家都沒力氣糾纏的時候都說過無數次分手。他說什麼都不能告訴我因為我特別敏感，但是從他們之間有過的情話，他們出遊的照片，他一出國就偷偷見她的謊言，這一切已經不能只怪我敏感了，太多次這種隱瞞，而且還是同一個女生。

這一次我跳車他車禍的事，讓我徹底清醒了，再這樣下去，難道要等到有一天我們倆都陷入悲劇才行？許老師，請你告訴我該怎麼做？我不要那個發瘋發癲的我，我更不要磨人的懷疑、偵探行為和接踵而來的謊言謊話。他們不能一起卻拿我當填充？但是如果說要填補寂寞，他也跟我過了三年多。我該走嗎？他現在躺家裡了，給了我一點空間和時間想想，我該怎麼以最優雅的方式脫離這個泥淖？請你告訴我。謝謝！

A：

妳可能不知道妳為了這段關係犧牲了什麼。妳犧牲了一個可以光明正大的身分，做了他的小三，妳還犧牲了妳自家的元配身分，成了出軌的妻子。妳最犧牲的是妳的心情，當妳自認是個失敗者，妳第一個輸掉的就是自信。

妳一下子說他仍對妳很好，一下子又不滿足地痛恨他有可能外遇，到底滿足了妳比較重要，還是一出現介入者這些滿足就要氣到打翻？別忘了，第三者的基本禮貌就是要懂得分享的快樂。

妳生病，是因為妳想獨占，妳忘了這世上還有妳的婚姻和他的婚姻。這是妳當初和他在一起的想法嗎？越愛越不滿足，一方面對他的老婆保留點歉意和尊敬，一方面妳又要聲張權利讓他交出電子信

箱密碼，他不給，妳認為是冠冕堂皇的理由，但其實是妳無知。在這個時代，不能尊重別人的隱私，一有懷疑就要別人交出手機或密碼，妳就得不到別人對妳起碼的尊重。一個像納粹軍官搜索的嘴臉，小心被妳搜索的人從此對妳無感。

跳車是妳快瘋了的證明，妳都把妳想成是他們的填充物了，那妳要不要想想他的元配若發現有妳的心情？都掉進泥淖了，還想要優雅的脫離，貪心真的快變成妳的病症。

貪心有個特性，因為太專注要某種東西，所以其他的人或事的安危或損失都不太顧，然後貪心的量會越來越大，大到只會怪只會恨只會暴只會反覆。

要優雅脫身並非沒有辦法，如果妳能停止再遷怒別人，如果妳知道對誰發的脾氣都沒有道理，妳就會發現泥淖並不存在。

如果妳不許他愛了妳又同時愛別人，妳就該讓他的元配也實現和妳一樣的這個願望。

離開吧。妳現在的狀態只會闖禍，沒有能力愛任何人。

能和情人保持喝咖啡和做愛的關係，其實是很單純的距離。沒有太多擁有，就少了很多負擔。

一週見一次，更有愛？

Q：我不知是否可定義我是「小三」。他，為了我離婚，怕我被告，但是因為小孩，還跟前妻住在一起。我一星期見他一次，做愛或喝咖啡，我覺得自己很可笑。他很愛我……那是他說的，但是，那是什麼？我連電話都要看時間打，我該醒一醒嗎？

A：該不該醒，要看妳要的是什麼。如果妳安於現狀，如果妳不嫁給他，如果妳可以一個人生活，如果把愛情當作是妳的生活點綴，這也沒有不好。

怕妳被告，所以為妳離婚，聽起來很動人，但實際可能是他頂多為妳做到這點，因為他離婚後還是和前妻同住，他們只是沒有法定關係，卻比以前更實際地在一起。

不必去懷疑他愛妳的動機，也許他還是有很多割捨不掉的難題，能和情人保持喝咖啡和做愛的關係，其實是很單純的距離。沒有太多擁有，就少了很多負擔，很多朝夕相處的情侶都敗在不知如何好好朝夕相處。你們沒有這個考驗，也是另類的福氣。

結婚不一定是好的選項，結婚也不該是唯一長期相處的方式，對於有孩子的情人來說，本來就不是說要怎樣就能怎樣。互相體諒，是你們可以好好上的第一堂課。

純粹擁有愛情，很幸運。如果還要更多，要看你們的能力及運氣。提醒妳，一星期見一次絕對比天天住在一起容易保有愛情。

人是不會被任何人拋棄的，因為誰都沒法把自己全部賴給誰。妳只是跟他在某些時刻相伴，不管是過去現在或未來。

留不住他，留不住自己

Q：老師我被拋棄了。

因為自私，因為相信，我放棄了交往九年的男友，選擇已婚的好朋友，但我錯了，因為他最後依然讓我親眼看到他辦了婚禮選擇了他的家庭，《不寂寞，也不愛情》說的，不要做「吵、鬧、死」的那種人，而我卻都做了，才發現不在乎的人不管妳做什麼都沒有用。我離開了，卻無法把自己過得很好。不想說，也不願說了，因為大家也聽膩了，必須每天吃藥睡覺，因為壓力好累，我假裝遺忘，選擇漠視，但我知道我是偽裝的，因為我恨，怕哪天自己撐不下去。家庭工作都讓我好累，我知道我不是最慘的，但我還在努力。

A：

妳沒有被拋棄，人是不會被任何人拋棄的，因為誰都沒法把自己全部賴給誰。你們只是在某些時刻相伴，不管是過去現在或未來。

妳也不是因為自私，是愛一個人就會自私，這自私就是妳的眼裡只有你們自己，妳渴望把他和妳的命運綁在一起，渴望越深越久，妳就會選擇相信妳幻想的一切，只是這次妳沒有實現願望，但妳還是嘗到了該有的慘痛和絢麗。

要妳不要做不要吵不要鬧不要死，是為了妳好，不是為了要抓住他。想抓住他就必須投他所好避他所惡，妳知道他氣妳什麼嗎？妳知道他怕妳什麼嗎？妳不知道的話，妳就難得分。

愛是一場實驗，實驗妳腦袋想要的東西能成真多少，別把結婚當作是這實驗的結局。妳該在意的是妳和他在這段旅程中創造了多少幸福，其他成敗不是你們兩個可以決定。太多天時地利人和的因素，妳把這一切混為一談並拿它當標準，難怪妳會憂鬱好累，因為妳的

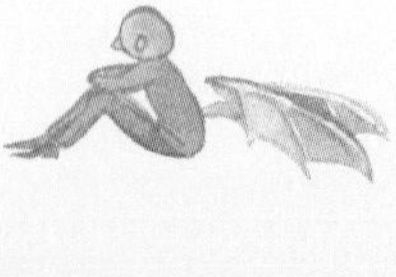

觀點很容易陷妳於不義，讓妳以為妳失敗，讓妳以為妳不幸，讓妳以為妳吃虧。

其實，妳還滿勇敢的，願意繼續努力，因為妳始終相信愛。

不愛誰都不是罪過，但追不到愛時要優雅退開再尋新的旅程，這是愛一個人基本的禮貌，也是對自己最好的疼惜。很多人對幸福對愛都不相信很久了，不要妄自菲薄。想想那些幸福的時光，想想這次妳有多勇敢。

什麼是猜疑？

就是想把一時相信，變成永遠相信。

我們的社會並沒有給我們太多選項。誰希望在婚姻裡做個許過重諾的背叛者，誰知道婚姻裡並沒有給性與愛對等尊重。

男人買春，算什麼？

Q：颱風夜裡不睡覺，逛著您的粉絲專頁，看著問與答……瀏覽一串問題後，怎麼不見關於男人消費買春的問題？

我也可以問嗎？也可以請老師您為我解答嗎？

那天是週六，跟今晚一樣，我無聊逛著網站，逛著無趣，好奇的點「網址歷史紀錄」，意外的被我發現老公逛買春釣魚網的紀錄，且當晚也發現約小姐的簡訊紀錄跟潤滑油……所有的證據，他就算想賴也難……當晚，當然是不輸今夜颱風過境的一場風暴……

也許如您所說，所有的危機，轉個念就是轉機……經歷了這場風暴後，彼此愛戀珍惜的感覺反而回來了……

當然這其中，婚姻能夠獲得解套是因為他的態度跟我的態度。

我們結婚十年了，他一直是盡責照顧妻小的好先生。男人，真的會因為壓力沒有紓解的管道而迷惘嗎？男人買春的動機？男人買春的心態？是男人的小頭作怪，還是大頭使壞？真的就那一發就紓解爽了嗎？去了之後，還會沉淪下去嗎？

我是女人，不懂男人，請同樣身為男人的老師為我解惑……

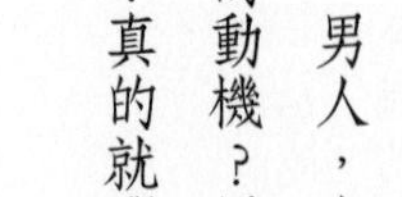

A：每個男人對性的需求天差地遠。有的需要大量的性生活，有的有不為人知的ＳＭ癖好，有的不喜歡做愛，有的不懂得拒絕外來的勾引，有的特別愛發生關係後負責。

不管他偏愛哪一種，他都不一定會向老婆坦承，因為我們的社會並沒有給我們太多選項。太多的性類別被斥為病態或變態，於是人用自己的方式學會了隱瞞，女人收斂了對情欲的自然伸展，像被修剪成動物形狀的樹那樣；男人循著自己找管道解決的老路，但每條都可能是充滿陷阱的空洞。

誰希望在婚姻裡做個許過重諾的背叛者，誰知道婚姻裡並沒有給性與愛對等尊重。

男人和女人都會下半身思考，只是女人被強制不允許下半身思考，其實下半身思考不一定是亂搞，真正亂搞的就是把性和愛和錢和權搞在一塊的人。目的總是不單純，也不真面目示人，不單純對性，也不單純愛，但性與愛，只有單純才存在。

轉念，不是用來逃避的，是妳接受了更進步的觀念而有了轉彎的彈性。你們若要做一輩子的夫妻，就要有轉念的能力，就是以理解取代批判，趁這個機會了解男人的需求，也讓先生明白妳的恐慌。雙方不能對事不對人，在一起越久就越受考驗。

當你們能和平理性面對這次意外的發現，就表示你們是程度相當的一對，沒被這件事打倒，你們就會得到進階的獎賞。不必理解男人買春的動機，那是種空虛的消費，也不必怕他沉淪，真要沉淪就甩了他吧。

性啊，跟創作一樣，不熱中，就是空談。

4 非關愛情

很多時候，我們只能接受命運無理又殘酷的安排，但只要不被打敗，妳就能得到加倍的禮物回報。

回不了的家

Q：

我是個十九歲的女孩，我母親在我出生時即拋棄我，我父親吸毒改槍進出監獄就像家常便飯，所以我自小都是由我奶奶帶大，在飽受各個親戚的冷眼之下成長。

高三時父親吸毒狀況越來越嚴重，我奶奶無法承受壓力，搬去伯父家，留下我跟我父親住在家裡，每天擔心受怕。父親總是要我去跟鄰居親戚借錢，家裡老是有毒品跟不同的毒蟲進出，還要承受他因毒品而失控的行為，說是生不如死也不為過。

我在父親進監獄勒戒後重考進夜間部，大四畢業那年，我背著包包

帶著四萬現金離開臺灣來到香港，一個人自力更生，靠的是一口氣不願回臺灣，不願再面對父親跟不堪的家庭，唯一讓我牽掛的只有我的奶奶，從小含辛茹苦撫養我長大的奶奶……

午夜夢迴之際，我總是覺得自責又不孝，我不敢也不想回家，但奶奶總是苦口婆心地要我放下，說父親已改過，她很想念我，要我回家住，但我實在沒辦法面對那個理應愛我實際上卻帶給我無數折磨的父親……我不恨我父親，但也沒有準備好釋懷，卻又被自責跟內疚壓著，我應該怎麼做呢？

A：

辛苦了。

如果我是妳，我可能早就放棄自己了。

很多時候，我們只能接受命運無理又殘酷的安排，但只要不被打敗，妳就能得到加倍的禮物回報。

這禮物就是妳在字裡行間流露的氣質，妳雖不能釋懷但妳也不恨，妳縱然只能逃離但沒對自己放棄，妳可以不用自責。但妳願意背負這宿命的重擔，妳的勇敢我很佩服，妳已做得很好了，不用再多做，如果還有力氣，好好保護自己。

好樣的。

相愛也要有健康的環境，人生沒有婚姻不會死，沒有妳愛他他也愛妳的老公也不會慘，是生活在精神暴力的環境裡才會瘋掉。

生兒子，才會幸福嗎？

Q：這個問題一直深深的困擾著我們夫妻倆，我想也是很多為人媳的困擾，就是我們已經生兩個女生了（我是全職媽媽），現在有嚴重的生男孫壓力（老公是長子，婆婆強勢，親戚嘴巴不饒人），壓力大到夫妻行房時想到生小孩就性趣缺缺（我們不到三十歲）。老公很體貼我，可是這的確也是不得不面對的問題，曾想過離婚，可是我們明明很相愛啊！感覺很荒謬，大家明明都知道小孩教育長大要花費很多金錢跟心力，還是一邊說風涼話，殊不知字字句句刺痛我的心，感覺我三十後的人生很黑暗，人生不可重來，不如不相識，原來結婚要背負那麼多！

A：路有兩條，一條是屈服，一條是不屈服。

不屈服裡也有兩條路，一條是革命，一條是裝傻。

有時候面對人生不可放棄的路時，妳就要有找出路的打算，把這些不可理喻的家人當作面對傳染病，戴上口罩，小心感染。萬一感染了，就要有斷尾求生的勇氣，因為相愛也是要有健康的環境，人生沒有婚姻不會死，沒有妳愛他他也愛妳的老公也不會慘，是生活在精神暴力的環境裡才會瘋掉。

不斷地屈服這種被過時觀點綁架的婆婆，妳一直配合生，萬一還是不得兒子妳怎麼辦？妳怎麼把自己的人生交給這樣的精神病指揮方向，妳該給妳老公下最後通牒，他再不硬起來面對這問題，他很可能要去面對破碎的家庭。

奉勸自以為是的媽媽們，不要老是要在孩子成年後下指導棋，這時

代已不允許妳們這樣作孽。以前的不合理到妳這代就停止吧！不然所有部隊老兵欺侮新兵的惡習一直繼續下去的話，還要多少悲劇延續呢？

更要奉勸長期在這樣母親教導下的兒子，不能有獨立思考的反抗，你幹嘛還去害另一個你愛的女人？在婚前你就該跟你要結婚的對象說，家有惡母會逼妳生兒子。

不用忍耐，忍耐對妳對妳女兒對妳的婚姻不會有好下場。

最冷漠的選項就是孝順。孝順不過是被拿來利用的包裝紙，包裝紙打開後，這是個屈服於怪力亂神的家族養出的怪物。

爸媽，我的人生，算命說了算？

Q：

老師您好：

我是大三的學生，家裡發生很多事情，讓我感到很無力。

家中，常是三天大吵一天小吵，為的不外乎是小孩教育經費，青少年叛逆期，家事分配，家族糾紛等，多到有時要兼顧學業和家庭，會失去那平衡點。我都能接受這些，這些都是需要長期理性的溝通與協調，但家中有很多的不成文規定存在。

例如，要研究所畢業才能交男朋友，因為算命師說，如果交男朋友會大學畢不了業等等之類。我男朋友跟我在一起已經快一年，目前

狀態如同地下情一樣，他很想幫我一同分擔家中事務，好讓我專心的攻讀學業，但幾經嘗試，媽媽總是要我們當普通朋友；同時，告訴我要以我們自己家為重，兩個弟弟都需要我的教導與陪伴。並問我：難道沒交男朋友會死嗎？應該不至於吧！

深入問題，才知道是通靈者的話讓媽媽掛心；她自己其實也考慮過，如果真的讓我交男友，交到就像自己多了一個兒子，也沒什麼不好，其實她自己也是很矛盾，許多事情都是礙於算命、通靈的話，只要家裡吵架，就會怪罪於祖先擾亂之類的。我相信有第三空間的存在，也表尊重，但我心裡明白這些原因大多產生於媽媽的脾氣。工作回來，必定累人；生活壓力，也不亞於結婚以前。

但當我請媽媽不要動不動就發脾氣，或是深入要聊事情時就會以「很難做到」、「我怎麼會不想做，都是這祖先或現象綁手綁腳」、「我不知道，很煩，別來煩我」等來結束我們之間的對話。

因為我是晚輩，我應該以什麼角度與方式，才能當好一個學生、姊姊和女兒的角色？

謝謝老師答覆。

A：

最近碰到一位令我印象深刻的人，他才十五歲，卻是思考型的天才，有很嚴重的過動，無法與人共處，卻很能對政治與人性提出深刻的見解。

對於婚姻，他認為是過時又愚蠢的制度，因為會被這個新身分制約，而這個新身分的行為模式都被罐頭化了。也就是說，這個角色會讓妳慢慢活出一個共同的味道，會慢慢減少妳個人的味道，蠢在讓自己削足就鞋。至於為何過時，當大家漸漸不愛這項產品時就會過時。

當妳問學生和姊姊和女兒這三個角色怎麼扮演好，那我就得先問妳好的定義是什麼。是讓家庭和諧為宗旨，還是不失自己為原則？長輩有錯，該讓他像他教育孩子那麼用力地導正他，還是順應一切就是孝順？

其實最冷漠的選項就是孝順。無視於這樣對大家都不好，無視於母親永遠都不會改，無視於妳以後可能會壓抑不住後放棄，無視於妳可能漸漸複製了妳母親的價值觀……孝順不過是被拿來利用的包裝紙，包裝紙打開後，這是個屈服於怪力亂神的家族養出的怪物。

晚輩，是個時間的號碼牌分出來的身分，不代表妳就是幼稚他們就是成熟，但代表一定要比前輩更進步才行。前輩有錯，要有勇氣跟上去，告訴他：你錯了，你該停止犯錯了。

不要再為一個人的錯全家跟著一起犯錯。

什麼是邪教？
就是要你恨，只能恨。恨是最團結的力量。

他和「外婆」的關係兒女無權介入，這是基本常識。也許妳媽媽和妳爸爸最沒交集的、在大陸的那幾年，是妳媽媽婚姻中最痛快的幾年。

請愛她多一點

Q：

我爸十年前被公司派遣至大陸工作，一年當中只回臺灣十天，每次回來都和樂融融的，大家都很開心。

五年前，我向老爸拿個隨身硬碟，在裡面發現了一些照片，是在一個尾牙的場合，他和一名女子在臺上擁吻，當時看到照片後整個嚇呆，所以我立刻將照片刪除，也沒有勇氣和我媽說。

某年的跨年夜，我媽很氣憤地打了好幾通電話給我，說我爸在大陸喝醉了，然後我媽問我爸：你知道我是誰嗎？我爸說「外婆啊」，我媽說外婆是誰，我爸說就是外面的老婆。

之後，陸續有「風聲」傳到我媽耳裡，說我爸在大陸有女人等等的消息。去年，他被公司強制返回臺灣公司工作，其實我們都知道公司只有在發現員工有不好的行為時才會有此舉動的。剛回來時，我爸每天都和我媽爭吵，但不是為了那女人，而是為了生活上的瑣事，那時心想，既然彼此都如此痛苦為何不離婚算了？反正我和我哥都已經長大成人了。

有次我媽很氣憤的在抱怨我爸和那女人昨夜的通話，我就說了那為何不離婚算了，我媽當時沉默了。過幾天後，我媽和我爸在聊天然後說了「妹妹說我們吵成這樣幹嘛不離婚」，我爸的表情是訝異中帶點慚愧的。

我爸回來臺灣一年了，雖然沒有再去大陸，但他仍然持續和那女人有聯絡，而我爸的心情都會隨著那女人有所起伏，我爸也都對外面的廠商說之後會再回去大陸……

這一年來，我爸只出一張嘴，叫我媽做東做西，錢每個月卻只拿一萬塊來貼補家用，而我爸跟我媽說話跟和我說話的口氣截然不同。

請問老師，有什麼方法可以讓我爸更珍惜我媽嗎？

A：

珍惜，是很難的一門課。

因為珍惜這朵花，開在不珍惜的泥土上，不珍惜也許爽在不用負責，但珍惜可能讓妳嘗到幸福。

這幸福會有個徵兆，就像妳爸爸會感到訝異又慚愧，當妳提出處不好不如離婚，他那複雜的情緒若翻成文字是這樣的：他沒想過要離婚，但就是跟妳媽媽好不起來，生疏太久。也積怨太久。也許這個階段對男人來說就是回歸家庭吵吵鬧鬧，不要太嚴肅看待。

至於他和「外婆」的關係兒女無權介入，這是基本常識。妳該深思的是妳看到照片時的驚訝，如果換成是妳的老公呢？妳覺得婚後雙方會外遇的機率有多大？會曝光的比例有多少？會導致離婚的有多少？有正向影響的例子嗎？

也許妳媽媽和妳爸爸最沒交集的、在大陸的那幾年，是妳媽媽婚姻中最痛快的幾年。媽媽起伏的心情也許是她釋放壓力的方法，爸爸仍然和「外婆」通電話也許是他釋放壓力的方式。人人都有壓力，既然各自都有不想放的理由，那雙方都要有有點擠的打算，他們有他們那個時代習慣的調整模式。

再談到珍惜，妳爸爸也許很珍惜媽媽把妳帶得那麼好，妳媽媽也許很珍惜爸爸讓她專心帶你們，這就是你們的人生。也許有意外的人加入，但只要願意挪一下身體讓一讓，珍惜自然會現身。

妳的父母是絕配，程度差不打緊，兩個都相當病態。他們最難改變的是腦袋裡的價值觀，以為愛和婚姻裡的東西都是可以被操控的。

以愛之名

Q：以前跟家人相處，總處於一種很辛苦的情況；爸爸常去賭錢，從我幼稚園就已經被帶去看著他賭錢，因為媽媽要打工，而且他失業每天跟我媽拿錢去賭，如果在賭博那天我講了不吉利的話就可能會被打。最影響我的是他那陰晴不定的情緒，自己心情不好就拿家人出氣，以前就常打我姊姊，所以我姊姊到現在還是很氣他，而且我姊姊覺得爸媽比較疼我，所以出社會後竟然一點錢都不給我爸媽，因為她覺得錢還是會用在我身上，這實在讓我很傷心，因為家庭負擔本來就很重，因為爸爸一直在借錢，然後每個月都要還的利息已經是我媽薪水的一半。

我爸爸後來有工作但也把薪水拿去賭、還利息，然後他最近幾年還常跟朋友北上消遣，讓媽媽很難過，因為他自己去玩然後不讓我媽跟同事出去吃飯，那種封建思想是覺得女人出去一定是偷情，但我媽已經五十歲，然後從未嘗試真正的普通社交生活，這讓我很無力，我沒辦法幫上什麼因為每次說到這他就開始趁機打我媽，然後我媽也是舊思想的人，覺得離婚是一件吃力不討好的事，認為很丟臉而且沒了老公什麼都沒有。

最主要的是我爸爸會殺死我們不是不可能的事，他表面是很疼我，但他的方式讓我很辛苦；從小不讓我跟男生說話、跟一大群朋友出去玩有男生也不行、只是跟男生拍個照或是走在一起他們的反應是覺得我已經跟別人上了床，這真的讓我好辛苦。小時候自己不開心自己悶在一邊他們會罵我臭臉，甚至打我，我爸爸甚至是那種半夜可能突然衝進來打人，只因為一、兩小時前我曾說過一些跟他意見不合的話。另一個讓我吃不消的理論是，不讓我留長髮，覺得會

浪費很多洗髮精，覺得長髮很麻煩，說學生時代不應該這麼愛美，我真的很崩潰，我的頭髮根本沒多長啊，從我國中到大學也一直念我，我只是說這樣不是多愛美的象徵，他就生氣了。

我媽是那種一邊很恨我爸，一邊被我爸哄一哄就沒事的人，就算我想跟她一起對抗我爸也是沒用，整個家庭就是病態，我姊在我面前總裝得很單純，然後私底下在電腦裝上駭客程式記錄我在網上的一舉一動，又跟她男友常講我一些很難聽的壞話，什麼大肥豬裝病之類的，我心很痛。她很眼紅我家人讓我到臺灣念書，但我的學費是我的獎學金來的，高中畢業我就下了決心到臺灣念書，我發現原來正常的生活是怎樣，甚至我的室友還讓我覺得她們才是我的家人，我想起畢業後就要考慮留在臺灣還是回去就覺得很痛苦，因為一方面他們始終是我的家人，而且我常內疚我丟下我媽受苦，然後自己到臺灣過正常的生活……

老師可以給我點意見嗎？每當寒暑假想起要回去我就很恐懼，但我家人始終是不年輕了，還在為我們的生活費而工作，每次想到這就覺得自己很不孝了，而且我家人一直強調說我要二十八歲後才能交男友，我想起就很頭痛了……而且在我家是完全沒隱私的，他們會在我講電話時一直吵著我問我問題還講粗俗的話，在公車上爸爸會故意大聲說話耍流氓……

我不回去是很不孝嗎？避免不跟他們通電話這樣很不孝嗎？因為他們常用試探的心態，總覺得會讓他們抓到些什麼男生的聲音……這樣真的讓我覺得很病態……

A：

妳真的真的……太辛苦了！首先我建議妳趕快搬出去住，妳要學姊姊那樣，先保護好自己，不然妳很可能被妳這對父母給毀了。

妳的父母是絕配，程度差不打緊，兩個都相當病態。媽媽看似受害

者，但也是個鼓勵者，他們最難改變的是腦袋裡的價值觀，以為愛和婚姻裡的東西都是可以被操控的。

父親是典型的在外一條蟲在家一條龍的人，母親已被父親訓練成禁臠，妳沒能力改變和照顧他們，這點妳若沒看清，當心妳也快變成跟他們很像的人。

很心疼妳，請用最快的速度逃離這個家，也或許可以跟妳姊姊聊一下。我不覺得姊姊不給錢是因為妳說的原因，尤其如果這些話是由父母轉述的話。

要是我是妳姊姊，我也不會給，妳覺得這些錢會到妳身上還是賭桌上呢？

你是長期受惠於父母私心的孩子，你最清楚父母為了保護你做了多少違背良心的事，你不知不覺已成為觀念跟他們很接近的接班人。

結婚，該聽爸媽的嗎？

Q：我今年二十七歲，目前交了一個女朋友，交往約一年九個月。當初剛交往的時候，父母聽到對方的職業以及學歷，便頗有微詞（對方當時的職業是出版社編輯，離職後正在找工作，學歷則是中原大學畢業）。當時，父母的態度是希望我直接分手，不要浪費時間，但我也跟父母反抗了幾次，認為感情不應該只有這些現實層面，但也因此造成了父母對於對方的不諒解以及沒興趣認識。

最近安排了一次父母與女友見面，見面後雖沒有到非常尷尬，卻可明顯感受到父母對於女友的不重視。父母對於現在交往的女友，雖然嘴巴上不斷地跟我說：你想清楚就好，卻又會不斷

的出現一堆「可是」，對於對方家庭背景的不滿意（對方父親是屬於比較勞動的工人，而對方弟弟是念美術的），對於女友的職業也不滿意（女友現在是臺積電的助理，薪資跟技術員差不多），對於第一次見面的女友表現也不滿意，認為對方不夠大方，沒有大家閨秀的感覺。簡而言之，父母覺得對方是普通的女子，家世背景也不夠顯赫。

我家本身是開工程公司的，基本上算是中小企業，不大不小的。因為是家族企業，家中的家族風氣也比較傳統，身為長子長孫，從小也備受關注，父母爺奶都把重心放在我身上。母親甚至認為，娶進門的媳婦要能夠有所謂的大嫂風範，侍奉公婆面面俱到，但在我心目中，說穿了也就是個普通家庭，沒有什麼特別的。

老實說，本身是第一次交女朋友，經驗比較不足，一開始跟父母的反抗，確實造成父母對女友的第一印象不好。然而，說穿了父母就是希望能夠找個所謂「門當戶對」的對象。當父母知道我交女友的時候，他們時常說其實早就有很多人想介紹女兒給我認識，條件都比我現在交往的這個好很多，都說是因為我很堅持，他們沒資格說什麼才回絕人家（其實我覺得很奇怪，我以前沒交女朋友的時候，也沒聽過有什麼介紹相親之類的）。

女友知道我父母親的態度後也有打退堂鼓的表現，因為她不確定，或應該更確切的說，她認為她無法預測我父母親的「毛」有多麼刁鑽，也因為這個不確定，她不知若她嫁入我家後，是否有辦法維持住家庭的和諧。

我本身認為兩人相處還是應該以快樂為主，對於父母的觀念雖說不到完全否定，但卻也不認為他們是對的。而對於現在的狀況，如果我堅持與目前的女友交往並且結婚，我想到最後似乎只會弄得全部的人都不快樂。說了這麼多，其實說穿了問題應

該出在我身上，對於父母與另一半的相處處理得不恰當，也不圓滑，但還是想請老師給予一些意見跟指教。

抱歉，忘記說明本身的狀況。我本身是臺積電的工程師，母親說我的條件太差，所以老婆要會賺錢，就算不會賺錢，也要是個大家閨秀……

A：

當你察覺父母的價值觀有偏差時怎麼辦？是選擇性包容，還是就事論事？

為了孩子而價值觀偏差的父母其特色如下：一是自私，只看見自己孩子的利益；二是壞身教，不斷在孩子面前展現人性最醜陋的一面；三是無知，不曉得這個時代不許父母這麼偏袒行事；四是違法，像你父母對女友的羞辱要求與態度就是誹謗。其實溺愛父母和溺愛孩子的下場都一樣，就是會把他們養成無法無天的怪物。

既然要門當戶對，怎麼會去找一個比你條件更好的對象？要會賺錢又要大家閨秀，最好你有當紅韓星的魅力，不然你以為別人不會倒過來挑剔你嗎？

你認為你在處理父母跟女友的關係上，不夠圓滑，真的是不夠圓滑嗎？還是沒有空間展示圓滑？圓滑畢竟是暫時的止痛藥，無法治根，可見你並沒有能力面對你父母的無理要求，因為你是長期受惠於父母私心對你的孩子。你最清楚你的父母為了保護你做了多少違背良心的事，你不知不覺已成為觀念跟他們很接近的接班人。

但還是要鼓勵你脫胎換骨，如果你不希望成為這樣的父母所養出來的媽寶，工作都由父母贊助或指引，結婚對象的規格也由他們訂，甚至生幾個小孩或婚後跟誰住都不由你決定，你就必須跟他們說不。你是個具有獨立人格的人嗎？你能為你自己的人生負責嗎？你

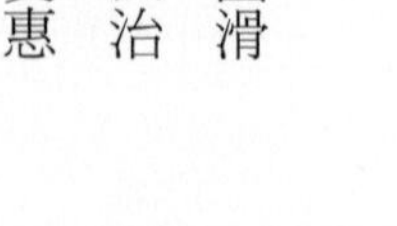

要繼續做他們的遙控器嗎？

當你不敢反抗父母的無理要求，你就在走一條被他們安排好的路，就算你遇到一位能百依百順聽他們的女友，小心這樣的女友是比他們魔高一尺的同類人，這樣的和諧當然是假的。建議你搬出去住，婚後也不要和父母住在一起，不然你還是選擇當個一輩子跟父母同住的單身漢就好了。

不要變成時刻怒吼的母親，她們都是癮頭者，被自己的習慣慣壞，不是愛多偉大，是母愛太失控。

追求夢想，不能兼顧母職嗎？

Q： 我有一個一歲多的小男孩，目前在育嬰留停的前半年中（亦即有政府補助的六成薪水），因為一直希望自己可以創業，一邊照顧孩子，一邊賺錢，因此，在留停這段期間和親人創立了一間公司，進口國外的服飾，目前已經營了兩個多月，成績尚可，但很多不確定性，短期內可能也無法讓我的收入如同過去上班時一樣。我很猶豫是否要回去上班，一邊賺錢，一邊兼營事業，小孩的部分可能像過去一樣送育嬰中心，晚上帶回家照顧……還是再留停半年到一年，好好拚事業，但小孩是否要自己照顧，還是繼續送育嬰中心又是個問題……

有時候，我真不知道身為一個母親、太太、媳婦、女兒到底應該怎麼看待這一切。創業是自己的夢想，但又覺得有小孩才做這樣的選擇，是否太冒險。但如果沒有小孩，也不會鼓起這樣的勇氣去做……我先生對於我所做的這一切，目前的態度是不置可否，他只希望我至少可以負擔得起自己的生活費。

我覺得自己遇到問題了，但卻不知如何問起。很希望自己能在這個社會上有所作為，但有了孩子，好像變成了選擇題，但我不希望這是個選擇題，很希望自己可以兼顧並雙贏……

A：

記不記得搭飛機時，機上的空中小姐會廣播遇到緊急狀態時該注意的事項，其中特別提醒媽媽們要先戴上自己的口罩後，再幫孩子戴上口罩。妳好，才有能力把孩子照顧好。

孩子需要的是專業的好環境，不一定是親生父母親自撫養，大部分的父母都不是他們孩子的最佳照顧人，因為他們都不會拿捏分寸，總是怕給不夠，總是鉅細靡遺，總是不要輸在起跑點，總是為了建立孩子良好的習慣而把全家都弄得很緊繃。其實孩子最該交給專業的人帶，父母和孩子相處的時間一如孩子看電視一樣，適量反而讓彼此更珍惜彼此的付出，多了總是吵總是摩擦總是習慣性管太多。

如果妳和孩子的命運要像前人那樣，孩子小的時候妳犧牲自己的夢想和時間照顧他，等妳老的時候妳再把妳的病痛及晚年賴給他，想想你們大半輩子的糾纏很可能都是很沉重的，這樣的關係不危險嗎？都如妳想的那麼溫馨嗎？獨立是家人相聚時最好的氣氛，你負責我我負責你的那種關係反而都是抱怨連連感情冰冷。

結婚和生子若都要犧牲自己的夢想才能換取，那就不值得結也不值得生，或許妳可以把犧牲變成共生，捨棄非要有妳親手照料的觀念，為他設計一個專業的成長環境。親子間的相處貴在品質而不是

量，不要變成那種分分秒秒黏著孩子，時時刻刻又壓力快爆炸的怒吼母親。她們都是癮頭者，她們都是被自己的習慣慣壞的母親，她們明明就是不那樣做會想死，才不是愛多偉大，是母愛太失控。

兼顧的方式就是，先把妳的夢想顧好，和孩子的相處雖短卻能因此變得比較放鬆與健康，不要放棄妳目前的狀態，這是上上籤的狀態。不要自責，那都是過時的傳統留下的餘毒，妳自己很清楚妳是不是有責任感的母親，妳只是不確定要不要推翻永遠把孩子放在第一順位的想法。

當個理性的母親勝過當感性的母親。

什麼是體諒？

就是到了事件現場，先捲起袖子，發現了關心。

大多數這樣的父母是沒救的。他們要妳變成他們認定的「正常人」，只因為他們深知當個不正常的人的可憐處境。

媽，我是女同志，可以嗎？

Q：我想問有關性向的問題。我是女同志，媽媽總會說我不像女生，而且媽媽給我的感覺是我丟光了她的臉，有幾次用開玩笑的方式試探家人能不能接受，但好像是不能接受的，有時候會試著溝通但好像也沒用，也不知道是不是我表達得不好所以媽媽會生氣（生氣的點是我外型不像個女生），但我還沒有跟媽媽說我的性向，住在同個屋簷下每次因為這個問題就會鬧得有點僵。

A：其實媽媽應該早就知道了，只是她沒膽子確認，就像妳也沒法很直接跟她表白一樣。這是被過時又無知的觀點統治的地獄，過時在於大家都知道世界的趨勢已不能光明正大看不起同志，無知在於他們不知孩子是同志的原因是父母的基因造成。

妳給了孩子這樣的基因，然後再來不認同他的性向，更惡劣的人會用力想「導正」。這些人若要公道的談起身教，那可否請媽媽從異性戀變成同性戀，看看容不容易。

當我們看回教世界年輕女人蒙面紗的景象，內心不禁會想，這個時代還要這樣裝扮對年輕人是不是很難呢？是的，觀念統治了我們的腦袋，如果我們都要用一個標準來否定他人的存在，那這樣的人跟希特勒滅殺猶太人有什麼兩樣？

不能尊重人，那麼，能談的就是自私的冷漠。明知這樣否定他人是觸法的，但仍在自己的慣性習慣裡拿觀點的槍對準自己的孩子，不准他們做自己。

很殘酷的告訴妳，大多數這樣的父母是沒救的。他們的人生是被別人點穴後的僵硬，他們也很難受，完全說不出一個字卻睜大眼睛看著妳，要妳變成他們認定的正常人，只因為他們深知當個不正常的人的可憐處境。

找個時間，約媽媽到外頭喝咖啡，勇敢地說出來。那是她該自己去消化的，人生如果連消化都懶，那麼她也不會有什麼成長的機會。

做自己，不用委屈。

讓一個沒傷天害裡的母親，和一個沒做什麼只是戀愛的兒子陷入對立，為何沒人有膽子出來說句公道話。

不愛異性，不是我的錯

Q：

我想問的是親子關係的問題，希望能得到老師的解答，謝謝。

我二十五歲，是男同志，有一位五年的男朋友。最近，媽媽發現了很生氣，叫我去死，還到處跟人說我是同性戀，之後又希望我找個女人結婚，還要我接手家庭生意，她說她老了，還把她買的墓地給我看。

有一天，我莫名感到很害怕，很焦慮，不敢跟媽媽說話，會盡量避免看到她。跟她說話時，語無倫次，也不敢看她的眼睛，我很痛苦。在這之前，我們的關係很好。

住在同一屋簷下，低頭不見，抬頭也得見。看到她一個人吃飯，心疼沒人跟她聊天，但我又無法像以前一樣主動跟她聊天。

我想問的是，是否因為她所做的讓我潛意識想逃避她？我是不是忽略了自己的感覺盡量配合她而導致的呢？這該怎麼解決？

我媽媽是一位很強勢、固執的人。我姊對我媽說，如果她還疼兒子的話，就不該說太多，我姊常說媽媽是愛我們的，只是方式錯了，我現在才了解。

A：

這又是個腦袋被觀念綁架的例子。明明她可以不必為孩子是同性戀者煩惱，但觀念由不得她，這觀念在媽媽腦中施了魔法，讓她看到全家人的面子被潑糞的畫面，讓她本來可風光娶媳婦的美夢泡湯，讓她不知怎麼回應「你兒子何時結婚」的問題。讓一個沒做什麼傷天害理的母親，和一個沒做什麼只是戀愛的兒子陷入對立的觀念，為何沒人有膽子出來說句公道話。

這就是荒謬又愚蠢的固執，這就是霸道又成功的惡例，卡在一個沒人真正關心的幻覺裡。母親也很心知肚明，這些碎嘴的親朋對孩子有無結婚的關心都只是無聊。

你的母親現在正處於撞牆期，這是她自己要面對的功課，你的自責非但無助於她領悟，還可能造成她又回頭去覺得自己對。事已至此，不如你就態度更明確的引導她認識真正的你。你一膽怯，只會顯得你心虛，就會讓母親更想「導正」你。

面對強勢的母親，你要讓她看到你的成長和堅定。看她一個人吃飯，你就更正大光明地過去幫她遞上一杯熱茶，如果她對你冷漠，你就對她微笑。拿出你往日對她的有效撒手鐧，喚醒她和你安好幸福的回憶，像你追男朋友的溫柔那樣，把往日的母親追回來，並告

訴母親，你們可不可以一起度過這次的難關。

不成功也沒關係，盡力就好，因為和這頑固又不人性的觀念對打，比整形失敗後恢復原貌還難，所以要有隨緣的心。

都是觀念導致的，跟你無關，跟母親無關，你們純粹都是受害者。

你的想法沒有過分，只是這需要革命。每一代父母都有很硬的固執需要打破，若不教育他們，他們就會變成恐怖分子向你反撲。

該教育的，是我還是爸媽？

Q： 我今年二十二歲，是設計系的學生，學校老師經常跟我們說，設計的目的，是為了改善人類的生活，所以你要體驗人生，增廣見聞，要比別人更敏銳。

這個暑假我和一個大學同學想去花蓮的國際背包客棧打工渡假，那裡常有外國人進駐，而我們的工作就也大概是像在國外的打工渡假，只是花蓮的是打工換宿，只供住但不供吃。預估是七天左右，以暑假整整兩個月的時間來看，不算長。

我大學同學已經去過那家客棧不下十次了，我們的想法是：

1. 能進行語言的訓練，臺灣學生的英文普遍都好，只是不敢說。

2. 在那邊打工主要是建立人脈，同時能和其他國家的人交流。

3. 住宿不用錢，吃的只要省一點開銷就不大。

4. 這是人生的體驗之一。

但我爸媽就是反對。基本上我爸是保守派的人，媽媽雖不像爸爸如此，但她也是嫁雞隨雞，嫁狗隨狗。我不是不懂他們的擔心、他們對我的愛，但我希望他們可以給我建議，而不是因為愛我，怕我受到傷害而保護我到這個樣子，為什麼在我眼中，爸爸媽媽有點沒有在學習放手的感覺？

我跟媽媽說，我媽卻回我：那你就當作我跟爸爸都死了，就沒有人管你了。

聽到這樣我很受傷，我的要求、請求，算很過分嗎？這是我的人生，這對我很重要，他們不能幫我走完在他們閉眼之後的人生。也許吃過那麼多鹽的他們，在四、五〇年代背景生活下的他們，就是無法體會為什麼這對我這麼重要，而我不是沒有解釋過，我真的不是不愛我爸媽，但我覺得他們感受不到我對他們的愛。我對打工渡假的想法，在大學裡其實很普遍，可是一回到家這些想法就好像是在忤逆我爸媽，而我瞬間就變成一個不孝順的女孩。

我知道家家有本難念的經，希望老師您能跟我談談，謝謝您。

A：

如果我是教育部長，我會在每個學校各開一堂課，這課是針對學生的家長設計的，讓父母知道這階段的孩子該給他們怎樣的獨立。

由於我們的教育部政治鬥爭太久了，歷年來的部長大都在意識形態上打轉，當然就無力去關心孩子長期睡眠不足這麼嚴重的問題，更別說是跟考試分數無關的壓力症狀。

當你的父母因過度擔心而毫無道理的限制你的行動，可以去麻煩你比較信任的老師幫你溝通嗎？雖然這溝通的結果仍不會改變現狀，因為你父母的問題不是在這件事上，而是他們腦袋裡的擔憂自己控制不了。這就是教育部長期失職所在，怎麼比我們還不專業，連父母也該要教育的想法都沒有。

你的想法沒有過分，只是這需要革命，這是每一代都會面對的責任。每一代的父母都有很硬的固執需要打破，若不教育他們，他們就會變成恐怖分子向你反撲，一個被過時的觀點綁架的人當上父母時，對孩子是很可怕的壓力，這不能再忽視了，一忽視的盡頭就是親情崩盤。

建議你不要放棄，耐心是你給自己的勇氣，就算不成功，錯都不會是你，但你一定要繼續努力。

加油。

什麼是無心？
就是明明沒有，卻要演出有。

青春期的快樂勝過任何一個時期，但這環境你們家給不了，妳必須和父母親保持一點距離，妳的心需要在不被打擾的情況下慢慢修復。

這樣還是家嗎？

Q：我今年剛滿十八歲，我爸爸從我小的時候就很愛喝酒甚至在外面有女人，我媽媽，一個軟弱卻不肯放手的女人，只要我爸去喝酒她就會去喝酒賭博，像是要報復一樣。我哥跟我差很多歲所以早早就離開家了，只留下我一個人面對爸媽，他們喝完酒就大吵大鬧，我爸甚至打過我媽，我害怕我無助卻無能為力，且當所有的一切都還在我腦海裡時，他們卻隔夜就忘了。

他們好的時候真的很好，但我不解，明明就沒錢為什麼還那麼愛喝？我半工半讀是為了減輕他們的負擔，可怎麼他們還是這麼不會想。在外人眼中，我是個樂觀開朗的人，但是事實上我覺得我悲觀到一個極致，只是我討厭和別人說，我不想造成別人的困擾和麻煩，但是真的覺得我快撐不下去了……

A：

酒後的爸爸其實已經喪志很久了，這樣的男人不會忘記自己仍是個爸爸和丈夫，只是人生對他而言是一天比一天還沒起色的下墜，賭便成了他唯一翻身的機會。他沒法做到離妳們母女倆揚長而去，但他根本沒有能力，他能做的就是留下來陪妳們一起難受。

媽媽知道爸爸不是無情的人，他只是一蹶不振，只要他有天翻身成功，他必定是個慷慨又念舊情的丈夫，這是媽媽比較可能的想法。即使被打，哪個有酒癮的人喝酒會不打人，媽媽已經選擇了她想走的路，妳應該尊重，除非妳有能力帶她走勸她走。

最重要的是，妳可以想想別條路，他們還沒老到該把養育的責任推

給妳，倒是妳該為自己找到一個舒適的住所。長期在這樣的環境下生活，妳一定會生病的，人不是工具，要懂得疼惜自己精神上快爆炸的壓力。

過去十八年，就當作是妳命運的第一章，也許很折磨人，但妳挺過來了。生命是給有能力品嘗的人滋味的，不要把過去的經歷用悲苦來詮釋，妳要在意的是，經過這趟旅程，妳做了哪些蠢事，妳做了哪些自己覺得驕傲的事，妳扛的責任有沒有量力而為，妳想的未來有沒有認真實踐。要有新的人生，妳就必須有新的思維，這思維是先把自己搞好了，妳才能照顧父母。

十八歲，要開始快樂了，青春期的快樂勝過任何一個時期，但這環境你們家給不了，妳必須搬出去住，和父母親保持一點距離，不要讓他們知道太多真實情況，妳的心需要在不被打擾的情況下慢慢修復。沒問題的，這趟出門絕對是種享受，年輕人該有的單純無憂，盼妳勇敢地去追求，加油。

其實這不是拒絕，而是大家普遍都喜歡繞著圈子不想做壞人，總是喜歡用知難而退的方法。

只是不想當壞人

Q：想請問您，如何拒絕別人？

前些日子親戚朋友熱心介紹一位男生給我認識，一開始是從電話和臉書以及APP開始聊天，後來也有出去吃過一次飯，總之感覺就是不對，完全沒有想要進一步了解他。自從吃過飯後，他很快再次約我出去，但是因為我接下來兩個週末剛好都有事，所以我回絕他了（實話告訴他我分別已經有安排什麼事了），可是他卻再約我，說「那等妳有休假的時候好了，我們來去某某地方」，且直接問我「那妳想不想去？」，我回「我不想耶」，然後就用要去洗澡睡覺了這種很孬的理由先暫停了這話題。

但……還是很苦惱，因為如果他再問我呢？（我真的不是想往自己臉上貼金……）

原本很有衝動想要明白地告訴他，我對他沒有感覺，無法再進一步，所以不想再見面，但又怕是我一時衝動，如果說不好聽或不禮貌的話就不太好了，於是並沒有說出口。請問要如何說會比較好呢？您會覺得直接說就好嗎？還是婉轉點呢？（……其實我也不知道怎樣才算婉轉？）裝糊塗混過去？但是明明就知道他在約我，怎麼裝糊塗？漸漸不要回應就好？但讓人家空等在那裡，我自己覺得不是好做法。

但說穿了，我也怕現在這種局面，有種尷尬的感覺，想聽聽您的看法，謝謝！

A：拒絕是一門學問，融合妳的個性妳的意願妳的禮貌妳的話術。說不好或不敢說就會變成困擾，尤其如果妳遇上的是一個不會看臉色的人的話。

直接說是最好的，但最好是第一時間說，不然等他越陷越深越花時間後，他可能就會怨妳為何不早說。

男方總是在未完全被拒絕前會持續努力的，他可能會認為妳不夠愛他也許是因為妳不夠了解他，所以他一再出招。

如果妳已下定決心拒絕，妳就好好約他出來喝咖啡，很正式地跟他說妳對他的感受，請他體諒妳不會拒絕別人。

其實這不是拒絕，是大家普遍都喜歡繞著圈子不想做壞人，華人的習慣總是喜歡用知難而退的方法。當男生約女生去看電影，女生不想去也只是默默地聳聳肩，這樣冷淡又模稜兩可的反應，才是真沒

禮貌，但大家都認為這是合理的反應。
大方點，告訴他，謝謝你這麼用力地喜歡我，對不起了，我們都要再努力去追尋我們的愛。

不要用一廂情願的心去討好朋友，真正的感情如同道路，不會一成不變，會一成不變的都是維持一種幸福的禮貌而已。

朋友，我做錯了什麼？

Q：我是一名今年要念大三下的學生，大概半年前開始，幾個很要好的朋友（都是男生）開始漸漸的對我疏遠。從大一開始住宿舍，到後來搬出宿舍住一起，我們幾乎都是一起行動，但不知道為什麼，他們漸漸不太理我，去哪裡也都沒有問我，甚至就在我面前討論等等要去哪裡。

我很重視這些朋友，所以我很難過，我對他們付出了很多，因為是很要好的朋友，所以我不要求什麼回報，但是感覺他們都是用一種看笑話的態度來面對我。

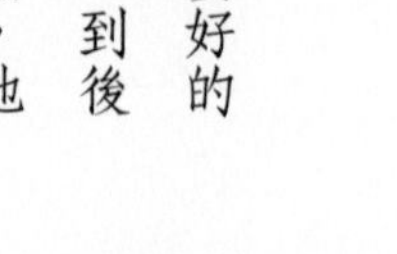

半個月前，我問了他們，是不是我哪裡做錯了，讓你們都不想理我，他們回答：「沒有做錯什麼啦！只是最近比較沒有跟你說話而已。」感覺是用敷衍的口氣帶過，而我是那種，不會輕易在自己在乎的人面前，顯露出自己脆弱一面的人，對家人朋友盡量都是保持笑容，但是我真的快撐不下去了，很想休學，卻又考量到我已經快大四了，根本不敢做出任何行動，我只能更加的壓抑自己……

A：

我猜測這其中一定有個始作俑者，一定有個人在串聯聯合排擠你，不然不會突然大家都動作一致，像部隊那樣脫離人性常態。

如果你問他們是不是你哪裡做錯，他們還要對你繼續冷漠的話，那就跟他們一刀兩斷好了。因為就算是你背叛了他們，他們都不該集體懲罰朋友，連提醒都不給，連道歉都不收，跟黑社會私下動刑有什麼兩樣，還要耍賤招似地回應，沒有這樣的朋友也不算損失。

不必為這樣的謎團鑽牛角尖，也許是去認識其他朋友的好時機，你越依賴你的小圈圈，就越容易受制約，這是個型態雖小但講求情勢的團體，有你們的友情，也有你們的恩怨；有你們的默契，也有你們的衝突。面對風波，可以勇敢面對，也可淡然走遠，要近或遠，你自己調整自己思考自己實驗。

不用刻意保持笑容，因為空有關係，笑容就會更顯尷尬，不如冷冷觀察這些人的動機，或是開發新的圈圈。搖滾樂團再怎麼熱愛音樂大多數還是中途就拆夥，你怎麼會覺得離開這個圈圈就世界崩塌呢？不要用一廂情願的心去討好朋友，不要太擔心朋友不喜歡你，真正的感情如同道路，有起有伏有曲有折有寬有窄有心無心，不會一成不變，會一成不變的都是維持一種幸福的禮貌而已。

不要把你的世界圈弄小了，就當作，這次的事件提醒你走出去。

許常德作品集 03

愛情答非所問

作　者—許常德
插　畫—陳硯詠
主　編—陳信宏
責任編輯—葉靜倫
責任企畫—曾睦涵
封面設計—我我設計工作室 wowo.design@gmail.com
內頁設計—張瑜卿
校　對—謝惠鈴、葉靜倫

董事長—趙政岷
總編輯—李采洪
出版者—時報文化出版企業股份有限公司
一〇八〇一九　臺北市和平西路三段二四〇號三樓
發行專線—（〇二）二三〇六—六八四二
讀者服務專線—〇八〇〇—二三一—七〇五・（〇二）二三〇四—七一〇三
讀者服務傳真—（〇二）二三〇四—六八五八
郵撥—一九三四—四七二四時報文化出版公司
信箱—一〇八九九臺北華江橋郵局第九九信箱

時報悅讀網—www.readingtimes.com.tw
電子郵件信箱—newlife@readingtimes.com.tw
時報出版愛讀者粉絲團—http://www.facebook.com/readingtimes.2
法律顧問—理律法律事務所　陳長文律師、李念祖律師
印刷—華展印刷有限公司
初版一刷—二〇一四年一月十七日
初版六刷—二〇二〇年三月二十六日
定價—新臺幣二八〇元
（缺頁或破損的書，請寄回更換）

時報文化出版公司成立於一九七五年，
並於一九九九年股票上櫃公開發行，於二〇〇八年脫離中時集團非屬旺中，
以「尊重智慧與創意的文化事業」為信念。

ISBN 978-957-13-5894-9
Printed in Taiwan

愛情答非所問／許常德　著
初版 . -- 臺北市：時報文化, 2014.01
面；　公分 . --（許常德作品集；3）

ISBN 978-957-13-5894-9（平裝）
1. 戀愛　2. 婚姻　3. 外遇

544.37　　103000109

CAFE